Hans Eduard von Berlepsch-Valendas, F Weysser

Katalog der Sammlung Buchner im Bamberg

Hans Eduard von Berlepsch-Valendas, F Weysser

Katalog der Sammlung Buchner im Bamberg

ISBN/EAN: 9783742891686

Hergestellt in Europa, USA, Kanada, Australien, Japan

Cover: Foto ©ninafisch / pixelio.de

Manufactured and distributed by brebook publishing software (www.brebook.com)

Hans Eduard von Berlepsch-Valendas, F Weysser

Katalog der Sammlung Buchner im Bamberg

KATALOG

DER

SAMMLUNG BUCHNER

IN BAMBERG.

HERAUSGEGEBEN

VON

H. E. VON BERLEPSCH UND FR. WEYSSER.

MIT 92 ILLUSTRATIONEN NACH FEDERZEICHNUNGEN UND ORIGINAL-AUFNAHMEN, SOWIE
NEUN TAFELN IN HELIOGRAVURE. AUSGEFÜHRT VON DR E. ALBERT & CIE

BAMBERG.
C. C. BUCHNER'SCHE VERLAGSBUCHHANDLUNG
GEBR. BUCHNER, KGL. BAYER. HOFBUCHHÄNDLER.
1891.

TYPOGRAVUREN UND DRUCK VON DER MÜNCHENER KUNST- UND VERLAGS-ANSTALT Dr. E. ALBERT & Co.
PAPIER VON FERD. FLINSCH IN BLANKENBURG a. S.

Die Sammlung Buchner in Bamberg

ist zu Lebzeiten ihres Begründers trotz ihrer hervorragenden Bedeutung, die sie in die erste Stelle der deutschen Privatsammlungen stellt, so gut wie unbekannt geblieben. Nur vereinzelt Auserwählte durften gelegentlich einen Blick auf die reichen Schätze werfen, die der Besitzer, der bekannte im Jahre 1886 verstorbene Verlagsbuchhändler, Herr C. C. Buchner, mit eifersüchtiger Liebe wahrte und hütete, und von der er sich durch kein noch so hohes Angebot zu trennen vermochte. Er konnte freilich mit Recht stolz sein auf seinen Besitz. Mit feinem Kunstsinn und dem ächten Sammlerenthusiasmus hatte er in aller Stille Erwerbungen um Erwerbungen gemacht, grossentheils auch in jener goldenen Sammelperiode, da die süddeutschen Städte, die alten Schlösser und Klöster noch voll von Kunstwerken steckten, und man dieselben wagenweise aus dem alten Nürnberg nach Frankreich und England entführte, da auch noch Spekulation und Wettbewerb der Liebhaber auf diesem Gebiete fast unbekannte Dinge waren. So konnte Herr Buchner, dem seine buchhändlerischen Beziehungen auch manche sonst unzugängliche Thüren öffneten, die trefflichsten und glücklichsten Acquisitionen machen, ja Stücke ersten Ranges an Schönheit und Kunstwerth in seiner Sammlung vereinigen. Das unterzeichnete Institut begrüsst es im allgemeinen Kunstinteresse mit freudiger Genugthuung, dass es ihm gelungen ist, die Sammlung, nachdem die jetzigen Besitzer, die Familie Buchner in Bamberg, zu ihrer Entäusserung sich entschlossen haben, in der Reichshauptstadt zur Ausstellung und zum Verkauf bringen zu können. So wird dieselbe wenigstens vor ihrer Zerstreuung noch zur Bekanntschaft weiter kunstverständiger Kreise gelangen.

Der von den Herren E. H. v. Berlepsch und Fr. Weysser in wissenschaftlicher Ausführlichkeit und Genauigkeit abgefasste Katalog, der hiermit zur Versendung gelangt, bietet in der eingehenden Beschreibung aller Gegenstände den besten Begriff von dem Reichthum der Sammlung und überhebt uns der näheren Hinweise an dieser Stelle. Es sei hervorgehoben, dass der Hauptwerth in den umfangreichen Abtheilungen von Erzeugnissen des Kunstgewerbes beruht; doch ist die Abtheilung von Gemälden, die Herr Buchner daneben zusammengebracht hat, gleichwohl höchst beachtenswerth und ist erst in jüngster Zeit durch einen Kunstgelehrten, Dr. Th. Frimmel, in seinen kleinen Galeriestudien I S. 93 ff. darauf aufmerksam gemacht worden. Es finden sich unter anderen darin eine bezeichnete und datierte (1517) Madonna von Schäuffelein, zwei grosse Bildnisse von Cranachs Hand aus dem Jahre 1529, eine schöne Halbfigur der Judith, die A. d. Bayersdorfer dem Cavazzola zuweist, ein männliches Bildnis in der Art des Franz Hals, eine Anzahl holländischer Landschaften und Genrestücke u. a.

Mit besonderer Neigung aber und auch mit hervorragendem Glücke hat Herr Buchner auf dem kunstgewerblichem Gebiete gesammelt und in dieser Hinsicht Kunstwerke ersten Ranges in seiner Sammlung vereinigt. Obenan stehen die Möbel, die Schränke, Kassetten, Truhen, Tische und Spiegel mit reichen Schnitzarbeiten und Intarsien aus dem 16.—18. Jahrh., fast jedes Stück ein Meisterwerk. Von besonderem kunstgeschichtlichem Interesse ist darunter ein Prachtschrank im edelsten Barockstyl, der nach einer beigefügten Urkunde das Werk zweijähriger Arbeit des kurfürstl. Hofschreiners Ludwig Rohde (1525/26) ist, eine grossartige Leistung, die man ohne die urkundliche Beglaubigung sicher als französische Arbeit ansehen würde. Auch die umfangreiche Gruppe der Stand-Uhren, die grosstheils mit den Namen ihrer — deutschen und französischen — Meister bezeichnet sind, ragen ebenso durch historischen wie künstlerischen Werth hervor. In der Gefässbildnerei ist das deutsche Steingut, die Wedgwood-Waare durch auserlesene Stücke vertreten, ganz besonders aber das Porzellan, von dem Arbeiten aller bedeutenden Fabriken, zum Teil in vor-

zuzügliche [...] Hingewiesen sei dabei
wenigstens [...] Büste der Marie Antoinette
und [...] vender [...] Seele von Vavasseur.
Von [...] unterschieden [...] Bedeutung ist ferner die
Gruppe der [...] in der Zinngasse, der
Bronzen, M[...] unter denen viele auch
historisch [...] esse der deutschen und
[...] che Stücke sich finden. —

Bei dem grossen Umfange der Sammlung haben
wir uns entschlossen, folgende Termine festzusetzen:

Für die öffentliche Besichtigung:
Montag den 1. und Dienstag den 2. Juni 1891.

Für die Auktion:
Mittwoch den 3. bis Sonnabend den 13. Juni 1891.

Eintheilung der Auctionstage.

An jeder Tage kommen ungefähr 100 Nummern
[...] Verzeichnung im Kataloge entsprechend zum
Verlauf.

Unter den für die einzelnen Auctionstage bestimmten
je 100 Nummern wird von der Reihenfolge mehrfach
abgewichen.

Die **Prachtausgabe** des Kataloges in gr. 4-Format

mit gegen 100 Illustrationen, dabei viele Tafeln in Photo-
typie und Heliogravure wird bis nach beendeter Auction zu
Mk. 15.— versandt. Nach beendeter Auction tritt eine
erhebliche Erhöhung dieses Preises ein.

Die kleine unillustrirte Ausgabe wird gratis franco
versandt.

Rudolph Lepke's Kunst-Auctions-Haus
Berlin S. W.

La collection BUCHNER à Bamberg
(Bavière)

est, malgré sa haute importance qui la range en première
ligne des collections particulières d'Allemagne, restée,
du vivant de son fondateur, pour ainsi dire inconnue.
Ce n'est que quelques rares amis à qui il a été permis
de jeter un coup d'œil furtif sur les trésors précieux
qui se trouvaient dans cette collection du libraire-éditeur
M. C. C. BUCHNER qui mourut, comme on le sait, en
1886 et qui les veillait et les gardait avec un soin jaloux
et dont il n'aurait pu se séparer, quelque prix qu'on
lui en eût offert.

C'est aussi avec raison qu'il pouvait être fier de ce
qu'il possédait.

Doué d'un goût rare et de ce véritable enthousiasme
de collectionneur qu'il a su et pu amasser peu à peu
acquisition sur acquisition.

C'était alors du temps de cet âge d'or dans la
chronique des Collections, lorsque les villes de l'Allemagne
du Sud, les couvents et les châteaux bondaient d'objets
d'art de toutes sortes et que, par charretées, on les
emportait du vieux Nuremberg en France et en Angleterre, alors que spéculation et concurrence d'amateurs
était encore chose inconnue dans ce genre.

C'est ainsi que M. Buchner, à qui sa position de
libraire-éditeur lui ouvrait des portes, pour d'autres in-
accessibles, fut à même de faire les plus parfaites et les
plus heureuses acquisitions et de réunir dans sa collection
des chefs-d'œuvre remarquables.

Le soussigné est donc plein d'une certaine satis-
faction, pour l'intérêt général de l'art, d'avoir pu arriver
à exposer et à mettre en vente à Berlin cette collection,
après que la famille Buchner de Bamberg s'est enfin
décidée à s'en séparer. Ainsi arrivera-t-elle au moins à
la connaissance d'un cercle plus étendu de connaisseurs
avant sa dispersion.

Le catalogue ci-joint qui a été si scientifiquement
rédigé et éxécuté avec une pénible exactitude par M. M.
E. H. von Berlepsch et Fr. Weysser, offrira par la description détaillée de chacun des objets la meilleure idée
de la richesse de cette collection en même temps qu'il
nous évite tout commentaire superflu.

Qu'il nous soit permis toutefois de relever ici que
la valeur principale de la collection se trouve dans le
groupe des produits des Arts et Métiers; le groupe des
tableaux que M. Buchner a en même temps collection-
nés appelle cependant grandement l'attention, et tout
dernièrement encore un savant distingué dans le domaine
des arts Mr. le Dr. Th. Frimmel a, dans son livre
„Kleine Galeriestudien" (I. p. 93 ff.), appelé l'attention
publique sur ces tableaux et leur valeur artistique.

Is s'y trouve entre autres une „Madonna" de
Schäuffelein marquée et datée „1517", deux portraits de
la main de Cranach de l'an 1529, une „Judith" magnifique $^{1}/_{2}$ en pied, que Ad. Bayersdorfer impute à Cavazzola
un portrait d'homme dans le genre de Franz Hals,

une quantité de paysages hollandais et de tableaux de genre etc.

Mais c'est avec une passion particulière et une chance tout à fait extraordinaire que M. Buchner a collectionné des produits des Arts et Metiers et qu'il a réuni et amassé des chefs-d'oeuvre hors-ligne dans ce domaine.

Et tout d'abord ce sont des meubles, des armoires, des cassettes, coffres, bahuts, tables et miroirs ornés de riches sculptures et d'intarsias du XVIème — XVIIIème siècle chaque pièce est à considérer comme un chef-d'oeuvre.

D'un grand intérêt historique artistique il faut appeler l'attention sur un bahut de luxe, style baroque, qui, d'après un document y joint a coûté deux ans de travail au menuisier de la cour du Grand Electeur de Mayence, Ludwig Rohde (1525—26), production tout à fait remarquable qui, sans le certificat documentaire déjà cité pourrait être regardée comme produit de l'art français.

Egalement le groupe des pendules se distingue par la supériorité de leur valeur historique comme artistique;
elles portent en grande partie le nom du maître horloger français ou allemand qui les a construites.

Dans la poterie artistique, la faïence allemande, les articles de Wedgwood sont représentés par des pièces très remarquables et quant à la porcelaine on y voit des échantillons de presque toutes les fabriques d'importance. Citons ici en passant un buste remarquable de Marie-Antoinette et une magnifique coupe de Sèvres de Vavasseur.

D'une assez grande importance est le groupe des Verroteries, des vases de zinc, bronzes, médailles et monnaies collection numismatique dans laquelle se trouvent de nombreuses pièces historiques se rapportant à l'histoire d'Allemagne et de Prusse.

Vue l'étendue énorme de la collection, nous avons décidé de fixer les dates suivantes:

Pour l'exposition publique:
Lundi 1er et Mardi 2 Juin a. c.

Pour la vente:
Mercredi 3 jusqu'au Samedi 13 Juin a. c.

Ordre des Vacations.

Il sera vendu à peu près 100 objets par jour en observant le numérotage du catalogue; cependant l'ordre numérique ne sera point toujours exactement suivi parmi les objets qui seront vendu chaque jour.

L'édition du luxe gr. in 4° avec environ 100 illustrations dans le texte et avec neuf héliogravures est vendu jusqu'à la fin de la vente à 15 Marcs —; après la vente le prix sera sensiblement élevé.

Rudolphe Lepke
Hôtel de Ventes publiques
Berlin, S. W.
Commissaire-priseur du Roi et de la ville pour objets d'art et livres etc.

The Buchner Collection,

during the life-time of the owner, and in spite of its great importance, having taken the most prominent position among private collections, was almost unknown. Only very few were favoured with the sight of these treasures, which the owner, Herr C. BUCHNER, who died in 1886, jealously guarded and could never be prevailed upon for the highest price to part from. He could well be proud of his property. With artistic taste and his real enthusiasm for collecting, he made one acquisition after another, mostly also in that Golden Age for collectors, when the South German towns, the old castles and cloisters were full of works of art, which were carried away in cart-loads from Nürnberg to France and England, speculation in this department being for amateurs almost unknown. Thus Herr BUCHNER, whose publishing associations opened for him many an inaccessible door, made the most valuable, happy acquisitions, and added thus to his collection first rate works of art.

The undersigned Establishment is happy to say, that for the general interest of art, it has succeeded in being able to exhibit and sell this valuable collection in Berlin, after the present owners (the family BUCHNER at Bamberg) having resolved to part with it.

Connaisseurs will thus have the opportunity afforded them of inspecting the collection before its being dispersed. The Catalogue which will now be transmitted has been drawn up by Mr. H. von BERLEPSCH and Mr. F. WEYSSER with complete accuracy, showing in its detailed description the richness of the collection which dispenses us here from further notice. It is necessary to add, that the chief work is founded on the extensive departments of the productions of industrial art. However the picture department Mr. BUCHNER has collected along with it, is quite as worthy of notice. Attention has lately been drawn to it by the well-known Connaisseur of art Dr. Th. FRIMMEL in his »Galleriestudien« I. page 93 ff.

Ans ... ...nna by SCHAUFFLEIN, ... ay CRANACH from the year ... ... igure of Judith which Ad. ... ... to be by CAVAZZOLA a man's ... of F. HALS, a great number of Landscapes and cabinet pictures.

Herr ... ...NER collected with especial taste, but also ... ...cess, the department of industrial art, and respect, h... ... ubined first class works of art. Uppermost are the Furniture, Cabinets, Caskets, Chests tables, Mirrors with rich carvings in wood, and inlaid works from the 16... to the 18th century. Each in its way is a Chef d'oeuvre. Among these there is a magnificent Cabinet of historical value by the Court Cabinetmaker LUDWIG ROHDL from the year 1525—1526; its authenticity shown by an adjoined document proving that two years were required for its manufacture. It is stupendous work, which without the authentic document might be regarded as French. Also the extensive group of Clocks, which mostly are marked by the names of their German and French makers, are prominent for their historical and artistic value. German and Wedgwood crockery have been carefully collected, especially porcelain from the celebrated manufactures, and of very beautiful patterns; at least attention must be drawn to a very lovely Bust of Marie Antoinette and a beautiful Sèvre Vase by Vavasseur. Further of great importance are Groups of glass, Pewter vessels, Bronzes, coins, medallions; among the latter are of historical worth, Events from German and Russian history, and Napoleon medals.

The collection being so great we have fixed the following

term for public inspection:
Monday and **Tuesday, 1st** and **2nd of June, 1891.**
For the auction:
From the **3rd** until the **13th of June, 1891.**

Classification of the sale.

On each day about a hundred numbers of the list of objects will come under the hammer.

The fixed number of a hundred objects pro day will sometimes have to be changed respecting their succession.

The Edition de luxe of the Catalogue in large 4° size with nearly a hundred illustrations, among which there are many plates in Phototypic and Heliogravure will be forwarded at 15 Marks until the end of the auction. After the conclusion of the sale the price will be considerably raised.

The small catalogue is forwarded gratis.

Rudolph Lepke
Royal and Municipal Auctioneer for works of Art, and Books
Berlin S. W.

PAPIER VON FERD. FLINSCH IN BLANKENBURG a. N.

Inhalts- und Illustrations-Verzeichnis.

	Seite
Vorwort.	
I. Möbel- und Decorations-Gegenstände	1
Möbel	3
Nr. 1 (1) Prachtschrank aus dem Anfange des 18. Jahrhunderts (Vollbild) . . nach	4
„ 1 (1) Urkunde	3
„ 1 (1) Seitenansicht des Prachtschranks	3
„ 1 (1) Platte zum Prachtschrank	4
„ 2 (39) Trésor mit Intarsien (Vollbild) . . . . . nach	8
„ 5 (8) Cabinet mit Schildpatt- und Elfenbein-Einlagen	5
„ 5 (8) Seitenansicht vom Cabinet	4
„ 5 (8) Innenseite der Thüren des Cabinets	6
„ 6 (7) Cabinet von Ebenholz mit Elfenbein-Einlagen	5
„ 11 (18) Renaissance-Schrank mit farbigen Einlagen	11
„ 11 (18) Detail	6
„ 12 (19) Tischplatte	7
„ 13 (20) ⎫ Geschnitzte Truhen	6
„ 14 (21) ⎭	
„ 16 (10) Kasten in Lackarbeit (Vollbild)	12
„ 17 (56) Secretär (Vollbild) . . . . nach	10
„ 25 (47) Zierschrank	8
„ 26 (5) Schmuckkästchen mit Intarsien	9
„ 42 (3) Eingelegte Tischplatte	9
„ 43 (9) Barocktisch	10
Uhren	13
Nr. 89 (4) Rokoko-Standuhr	13
„ 93 (6) Standuhr	14
„ 108 (13) Empire-Standuhr	13
Elfenbein	15
Nr. 113 (2) Portraits in Elfenbeinschnitzerei	15
„ 114 (4) Elfenbeinhumpen	15
„ 115 (3) Klappaltärchen	15
„ 116 (7) Hifthorn	16
„ 117 (12) Besteck mit Elfenbeingriffen	16
„ 123 (1) Kruzifix in Elfenbein	17
„ 127 (20) Kreuz in Perlmutter	17
Holzschnitzereien	18
Nr. 141 (10a) ⎫ Italienische Holzfigürchen	18
„ 141 (10b) ⎭	
„ 144 (13) Kinderfigürchen	19
„ 145a (14) Holzfigürchen (Flora)	19
„ 147 (16) Geschnitztes Kreuz	20
„ 150 (23) Basrelief in Holz geschnitzt	19
„ 154 (21) Gedrehter Holzbecher	20

	Seite
Dosen	23
Nr. 188 (1) Goldene Dose mit Emailmalerei	23
Textilarbeiten	24
Nr. 207 (2) Pieta in Gobelinstich	24
210 (3) Gesticktes Tischtuch	24
II. Metallarbeiten	25
Edelmetalle	27
Bronce und andere Legierungen	28
Zinn	29
Eisen	30
Waffen	31
Münzen und Medaillen	32
Nr. 313 (11) Medaille (Avers und Revers)	32
III. Keramik	43
Steingut	45
Wedgwood	47
Nr. 385 (15) Vase in Wedgwood	47
416 (20) Medaillon in Wedgwood	48
Fayence	50
Nr. 501 (32) Teller	52
508 (60) Weisse Platte mit Puttenfigur	53
Porzellan	54
Nr. 525 (5) Grenadier	55
526 (24) Kriegerfigur in antiker Idealtracht	55
568 (24) Weibliches Figürchen mit Tragkorb	57
575 (33 u. 14) Zwei tanzende Figuren	57
611 (1) Büste der Königin Marie Antoinette (Vollbild) nach	60
612 (26) Schale (Vincennes)	60
622 (4) Husar	61
651 (105) Besteck mit Porzellan-Griff	62
682 (158) Sitzende Figur	64
689 (43) Kindergruppe in Biscuit	63
Glas	65
Nr. 686 (60) Venetianer Kelchglas mit Metallfuss	65
687 (62) Venetianer Kelchglas	65
692 (3)	65
694 (5) Monogramme	
695 (6)	66
696 (7)	
696 (7) Deckelpokal	66
700 (11) Deckelpokal	66
700 (11) Eingeschliffenes Wappen mit Monogramm	67
705 (16) Deckelpokal	68
732 (72) Monogramm	69
V. Malerei	71
Emailmalerei	73
Nr. 762 (1) Limoge-Platte	73
765 (3) Dosendeckel in Email	73
768 (4) Portrait in Email	74
Miniaturen	75
Nr. 786 (36) Portrait eines Monarchen	76
787 (4) Portrait Friedrichs d. Grossen	77
795 (14) Portrait eines sitzenden, rauchenden Mannes	77
796 (15) Männliches Portrait: bezeichnet als: Louis XIV.	77

		Seite
Nr. 797 (16) Weibliches Portrait, bezeichnet als: Vicomt. Dubarry		78
„ 798 (17) Männliches Portrait in spanischer Tracht		78
Bilder		81
Nr. 830 (2) Lucas Cranach, Männliches Portrait (Vollbild)	nach	80
„ 831 (3) Lucas Cranach, Weibliches Portrait (Vollbild)	nach	82
„ 832 (1) Hans Leonhard Schäufelein, Madonna mit dem Kinde und Johannes der Täufer (Vollbild)	nach	84
„ 833 (4) Paolo Moranda, gen. Cavazzola, Darstellung der Judith (Vollbild)	nach	86
„ 834 (5) Unbekannter Meister, Portrait eines Mannes in der Art des Franz Hals (Vollbild)	nach	88
„ 835 (10) Tiziano Vecellio, Weibliches Portrait (Vollbild)	nach	90
„ 836 (18) Unbekannter Meister, Darstellung der Geschichte der keuschen Susanna (Vollbild)	nach	92
„ 837 (71) Hans Wolf, Doppelbild: Kreuzigung, Pietà (Vollbild)	nach	94
„ 874 (22) Portrait des Kurfürsten Karl Theodor von Bayern		88
„ 916 (66a) J. Kreul, Pastell-Portrait		92
„ 916 (66b) J. Kreul, Pastell-Portrait		92

V. **Varia & Curiosa** 95
   Mosaiken 97
   Gemmen und Intagli 98
   Pfeifenköpfe und ganze Pfeifen . 99
   Varia 100

Gruppenbilder.

Gruppe I (Heliogravure)	nach S.	6
„ II (Heliogravure)	„ „	16
„ III (Heliogravure)	„ „	20
„ IV (Heliogravure)	„ „	28
„ V (Heliogravure)	„ „	36
„ VI Steingut	„ „	46
„ VII Fayence	„ „	50
„ VIII Porzellan	„ „	54
„ IX	. . .	42
„ X	nach S.	56
„ XI (Heliogravure)	„ „	58
„ XII (Heliogravure)	„ „	64
„ XIII Glas	„ „	68
„ XIV 4 Miniatur-Portraits (Heliogravure)	nach	74
„ XV (Heliogravure)	„ „	78

VORWORT.

Mit der „Sammlung Buchner" in Bamberg ging es, bis zum Tode des Begründers desselben, des Herrn Verlagsbuchhändlers Buchner, † 1888, wie es gar oft gerade bei dergleichen Dingen der Fall ist: Sie war der Welt unbekannt, weil ihr Eigentümer so zu sagen mit Argus-Augen darüber wachte, dass ja kein Unberufener die Schätze sehe, die sich im Laufe Jahrzehnte-langen Sammelns angehäuft hatten. Wer einigermassen mit der Entstehungsgeschichte des deutschen Sammelwesens vertraut ist, der weiss, von wie wenigen gebildeten Männern noch vor wenig Jahrzehnten der Wert dessen erkannt wurde, was aus vorangegangenen Jahrhunderten auf unsere Tage gekommen ist. Man warf gar vielfach „das alte Zeug" beiseite und ersetzte es durch „zeitgemässe" Dinge, die in neunzig von hundert Fällen das so beliebte Epitheton „geschmackvoll" nicht im entferntesten verdienten, man demolierte schonungslos herrliche alte Baudenkmäler, um an ihre Stelle entweder nichts oder neue Gebäude von künstlerisch oft recht problematischem Werte zu setzen, hatte doch, um nur gerade ein Beispiel aus Bamberg zu nennen, ein bayrischer Regierungsbaumeister, Herr v. Hohenhausen, den Einfall, die romanischen Türme des Domes von Bamberg müssten abgetragen und durch neue ersetzt werden, weil die alten nicht mehr „zeit- gemäss" seien. Das war um das Jahr 1820. Dass noch viel später, selbst in Städten wie München, wo man eine gewisse Kenntnis und Wertschätzung von Altertümern voraussetzen konnte, die haarsträubendsten Dinge passierten, dass man das ganze Einfriedigungs-Gitter des botanischen Gartens daselbst aus lauter alten Waffen und Rüstungen herstellen und die Zertrümmerung wie Verschleuderung kostbarer Dinge in der Metropolitankirche zu Unserer lieben Frau ungestört geschehen liess (das war sogar in den sechziger Jahren unseres Jahrhunderts), das spricht wohl in genügendem Masse für die totale Unkenntnis vom Werte altertümlich künstlerischer Dinge. Die sogenannte klassische Periode der deutschen Kunst war eben nichts weniger gewissenlos gegenüber dem Alten, als jede vorhergehende Epoche; der Grundsatz, der auch heute noch vielfach befolgt wird und oft auf einer argen Verkennung eigener künstlerischer Beanlagung beruht, hiess eben auch da: „Das machen wir besser, wir machen es zeitgemäss"! Wer in jenen Tagen das Glück hatte, mit der nötigen Erkenntnis für die Resultate der Vergangenheit ausgestattet zu sein, dem fiel das Sammeln leicht. Es war ja alles zu haben um billiges Geld. Ist doch die köstliche frühromanische goldene Altartafel von Basel, die an purem Metall allein 400 Loth Gewicht hatte, und heute eine Hauptzierde des Musée Cluny zu Paris bildet. Für wenige hundert Francs verschachert worden, wie denn überhaupt gerade in der Schweiz von Privaten und Behörden auf die denkbar geldgierigste und unsinnigste Weise mit den künstlerischen Resten eigener Vergangenheit gewirtschaftet worden ist.

Hatte sich in späteren Dezennien unseres Jahrhunderts wenigstens gegenüber den Überbleibseln aus romanischer, gotischer und der Renaissance-Zeit eine gewisse Wertschätzung entwickelt, so blieb andererseits gegenüber dem Jahrhunderte, dem unsere Urgrossväter angehörten und das an seinem Ende das Zusammenbrechen der ganzen feudalen Wirtschaft mit ihrem Maitressenkram und den gepuderten Perrücken, den bauschigen Reifröcken u. s. w. sah, eine gewisse Verachtung bestehen. Wir waren vielfach zu sehr an "stylvolle", manchmal recht langweilige Dinge gewöhnt, um die Caprice, die sich so exquisit in den Arbeiten seit der Régence ausspricht, verstehen zu können. Das war zu leicht geflügeltes Zeug für jene, die im Wiederaufleben einer falschen Butzenscheibenromantik das Ideal deutscher Bestrebungen auf dem Gebiete des Kunstgewerbes erblickten. Dann eroberte sich auch das verkannte Jahrhundert Achtung und Wertschätzung und heute zahlt man für gute Rokoko-Arbeiten die höchsten Preise.

Der verstorbene Begründer der Sammlung, um welche es sich in vorstehendem Werke handelt, begann zu einer Zeit zusammenzutragen, da noch alle Haushaltungen voll waren mit den Dingen, die aus urgrossmütterlicher Zeit herstammten. Die in der Sammlung durchweg am besten und reichsten vertretene Zeit ist das 18. Jahrhundert. Ihm gehören ausserordentlich reiche Schätze an Möbeln und vor allem an Porzellan und Glas an, welche den wertvollen Kern des Ganzen bilden. Daneben finden sich allerdings auch andere Perlen, so das prächtige Madonnenbild von Schäufelein, die Portraits von Lucas Cranach, die Wiederholung des Tizian'schen Bildes der Eleonora Gonzaga etc., doch ist, wie gesagt, das 18. Jahrhundert nach allen Seiten am besten illustriert.

Unter den Möbeln ragt ganz besonders ein Exemplar hervor, das in gleicher Pracht der Ausstattung seines gleichen sucht; es zeigt, wie sehr geschickt deutsche Arbeiter die massgebenden französischen Einflüsse aufzufassen im Stande waren. Es dürfte vielleicht auch hier gelegentlich eintreten, worüber der hochverdiente Direktor des Münchener National-Museums, Dr. Hefner von Alteneck, bezüglich der Prachtrüstungen französischer und spanischer Monarchen Aufklärungen schuf, dass nämlich gar vieles, was unter die Arbeiten hochberühmter ausländischer Künstler gezählt wurde, deutsche, brave und hochgeniale Arbeit ist. Meines Wissens existiert ein umfassendes Kompendium deutscher Kunsthandwerker (ich muss mich leider dieser mir sonst verhassten Bezeichnung der Kürze halber bedienen) des 18. Jahrhunderts nicht. Wird es einst geschrieben, so darf wohl der tüchtige churmainzische Schreinermeister, dessen eigenhändig geschriebene Urkunde über seine Prachtarbeit in Fac-Simile dem Katalog-Texte beigefügt ist, mitunter die besten gezählt und neben jedem berühmten französischen Namen auf dem Gebiete der Marqueterie-Arbeit genannt werden. Daneben figurieren Möbel, deren Geschichte mit dem Namen der Markgrafen von Ansbach und Bayreuth und dadurch auch mit jenem der Hohenzollern zusammenhängt. Aufgabe vorliegender Zeilen konnte es selbstverständlicher Weise nicht sein, alle Provenienzen der verschiedenen Gegenstände zu erforschen, noch den allerlei damit in Zusammenhang stehenden Hypothesen eine genaue Untersuchung zu widmen.*)

---

*) Dafür war die Zeit, welche für die Herstellung der ganzen Arbeit gegeben war November 1899 bis März 1901, zu kurz, um so mehr, als die Herausgeber gleichzeitig die ganze illustrative Ausstattung der Arbeit übernahmen, und die Zeichnungen hierfür zum Teile selbst fertigten, sämtliche Zinkographien in Federmanier, sowie die Blätter für Heliogravure mit Ausnahme des einen mit den vier Miniaturen). Die vortrefflichen Reproduktionen nach original Aufnahmen wurden, wie überhaupt die ganzen technischen Arbeiten, in der Kunst-Anstalt von Dr. E. Albert in München-Schwabing hergestellt, ebenso der Druck des Kataloges.

Ebensowenig als es sich aber um die Feststellung der Persönlichkeiten handeln konnte, in deren Besitz möglicherweise die einzelnen Objekte einst gewesen sind, ebensowenig wurde es angestrebt, kritisch jene Gegenstände der Sammlung zu beleuchten, die mit einer bestimmten Bezeichnung behaftet, es dem Erwerber jede Unterlassen überlassen, an Titel und Namen zu glauben oder nicht. Im Taufen können wohl selbst die eifrigsten Mis-Sionäre mit den Sammlern von Etch kaum siegreich Konkurrenz halten. Wo aber bestimmte und unzweifelhafte Zeichen oder Inschriften die Feststellung der ursprünglichen Entstehung zuliessen, haben dies die Herausgeber nach bestem Wissen und Können gethan, einem raisonnierenden Katalog streben sie jedoch überhaupt nicht an.

Die ersten Anfänge der Sammlung wurden von dem Begründer derselben in Bayreuth gemacht zu einer Zeit, wo das Andenken an die zu Verlust geratene Fürstenherrlichkeit noch frisch im Gedächtnisse von vielen lebte, die selbst das mehr oder weniger grosse Glück gehabt hatten, Zeugen der Zeiten zu sein, wo eine Menge deutscher Höfchen und Höfe nach französischem Muster zugeschnitten waren. Dass mit der Abschaffung solcher Miniatur-Fürstentümer manches unter den Hammer kam, was vielleicht früher im Boudoir galanter Monarchen-Freundinnen Zeuge von allerlei Schäferscenen gewesen war, steht ausser Zweifel, somit auch die Annahme, dass es sich bei diesem und jenem Stück um Dinge handle, die für den Freund der Spezialgeschichte von grossem Werte sind.

Vorzüglich genannt zu werden verdienen einige Renaissance-Möbel Nürnberger Ursprungs, die in ihrer Art an das beste erinnern, was unsere Museen haben. Sodann finden sich eine ganze Reihe von Möbelstücken vor, die den von Robert de Cotte begründeten Umschwung in der Schreiner- und Ebenisterarbeit illustrieren, d. h. die Anwendung von allerlei Holzarten, jedoch nicht in Form von Intarsia, sondern durch Furnierung, wobei das Beschläge von Messing noch immer eine gewisse Rolle spielt.

Vorzüglich sind weiter verschiedene grosse Schreinerarbeiten (Kasten) sog. Trésors, die offenbar in Bamberg selbst hergestellt worden sind; daselbst existierten unter mehreren kirchlichen Fürsten der alten Bischofsstadt vorzügliche Werkstätten, die sich speziell mit der Tischlerei oder, wie der terminus technicus für jene Zeit lautete, mit „Kistlerei" befassten. Man braucht nur die Kanzel und das Chorgestühle in der Klosterkirche des Michaelsberges zu Bamberg anzusehen, um einen sehr hohen Begriff von der künstlerischen Art zu bekommen, mit der das Handwerk unter klösterlicher Aufsicht da betrieben wurde. Handwerkliche Künstler wie Franz Böhm, Eberhard Kempel u. a., deren Namen im Zusammenhange mit Rechnungen für gelieferte Arbeiten stehen, verdienen hohe Achtung, denn was sie nachweisbar schufen, ist durchaus vortrefflich; so mag denn vielleicht auch die eine oder andere der herrlichen Ebenisten-Arbeiten, an denen die Buchner'sche Sammlung äusserst reich ist, mit diesen tüchtigen Arbeiten in Zusammenhang gebracht werden. Es geht durch sie alle ein gewisser lokaler Zug, daher leicht anzunehmen ist, dass sie nicht aus sehr verschiedenen Werkstätten hervorgegangen sind.

Neben einer ganzen Reihe reizender zum Teile bemalter und vergoldeter Möbel im graziösesten Rokoko, die offenbar nur für wahrhaft fürstlich eingerichtete Gemächer bestimmt sein konnten, gleichzeitig aber auch als Leistungen eine absolute Beherrschung der Form im Geschmacke der Zeit zeigen, ist dann als ein Stück eigener Art der auf hohem Volutengestell ruhende zweiflügelige Schrank Nr. 16 (10) zu nennen. Der mit einem, dem sogen. „Jaque oder vernis Martin" (dem sogar Voltaire in hochpoetischer Weise ein Wort weiht) oder ähnlichen Lacke überzogene milchig weisse Anstrich des Möbels mit den kleinen figürlichen Scenen in chinesischem Geschmacke, die Jacquemart mit Recht „un Orient de Fantaisie" nennt, hat jene Eigenschaft, welche die solcherweise behandelten seltenen Möbel geschätzt macht; Bei aller Durchsichtigkeit und Klarheit des Lackes ist derselbe doch gegen alle Feuchtigkeit durchaus unempfindlich. Martins vorzüglichste Lackarbeiten waren schwarz, indessen entstanden neben ihm andere Manufacturen, so jene von Samousseau, welche als „Manufacture royale de vernis façon de la Chine" bezeichnet wurde. Ob ähnliches deutschen Ursprungs bekannt ist, weiss ich nicht, indessen kann kaum daran gezweifelt werden, dass man das Verfahren auch ausserhalb Frankreichs nachzumachen versucht hat. Der genannte Kasten macht den Eindruck, als wäre es deutsche Arbeit. Jedenfalls ist er ein sehr schönes Stück.

Ungemein gross ist die Zahl der vorhandenen Uhren, unter denen mehrere mit Metall-Appliquen als wahre Prachtstücke bezeichnet werden müssen. Zum guten Teil sind indessen nicht blos die Gehäuse als künstlerische Arbeit sehr wertvoll, vielmehr kommen mehrfach Werke mit allerlei mechanischen Kniffen und Spielereien vor. Als speziellen Bamberger Uhrmacher lernt man dabei den mehrfach vorkommenden Michael Hoyss (bald mit einem, bald mit zwei s geschrieben kennen, der offenbar eine Kraft ersten Ranges in seinem Fache war. Die grosse, prächtige Stauduhr, schwarz mit Gold im Style Louis XVI, Gruppe III, rührt von ihm her. Die Uhren gehören fast durchweg dem zweiten Drittel des 18. Jahrh. an.

Schnitzereien in Holz und Elfenbein, die nicht als Dekoration von Möbeln dienen, vielmehr selbständige Arbeiten sind, finden sich zwar nicht in grosser Zahl, dagegen aber in einzelnen vorzüglichen Exemplaren vor. So ist als Elfenbein-Arbeit das kleine Altärchen mit der Verkündigung Maria Nr. 115/3, dann die kleine Platte mit zwei Portraits en relief Nr. 115/2, ebenso der einer ziemlich späten Zeit angehörende Kruzifixus Nr. 125/1, als vorzüglich zu bezeichnen, unter den Holzschnitzereien sodann verschiedene runde Figürchen, so Nr. 145/14 u. 15, offenbar ursprünglich vergoldet, dann die treffliche, ungemein bewegte Bacchanten-Scene Nr. 150/23, en relief, welche ganz meisterhaft ausgeführt ist, sowie das Modell zu einem Monument, das so recht den Charakter derartiger Dinge aus Nach-Berninischer Zeit zeigt, den obligaten Obelisk mit verschiedenen schwebenden, liegenden und sitzenden Figuren, die in ihrer Anordnung das völlige Gegenteil der architektonisch aufgebauten Monumente der Renaissance bilden und ausserordentlich bezeichnend für den Hang zu absolut freier, malerischer Dekorationsweise sind.

Als eigener Abschnitt wurden die Dosen behandelt, schon aus dem einfachen Grunde, weil ihre Zahl eine so grosse ist, dass man sie sehr wohl als gesonderte Gruppe aufführen kann, dabei aber von einer Classificirung nach den verschiedenen, an den Gegenständen angewendeten Techniken abgesehen. Auch hier tritt speziell das 18. Jahrhundert in den Vordergrund, in dem bekanntermassen Dosen eine grosse Rolle spielen, da sie statt der heute etwas wohlfeileren Orden gespendet wurden. Als ein Prachtstück allerersten Ranges, das offenbar einer Goldschmiede-Werkstätte bester Art entstammt, muss die Dose Nr. 158/1, bezeichnet werden, deren Beschaustempel zu entziffern an der Hand der zu Gebote stehenden Zeichen-Tabellen mir leider nicht gelungen ist. Eine unsichere Tradition lässt das Prachtstück ein Geschenk von Louis XV an einen Thurn und Taxis sein, der als Gesandter in Paris weilte. Es spricht nichts dagegen, dass die Arbeit französischen Ursprungs sei; leider sind genaue Nachforschungen über die Provenienz auch hier durch die Schnelligkeit, womit die Arbeit des Kataloges ausgeführt werden musste, unmöglich geworden. Indessen soll dies nachträglich geschehen, die hochkünstlerische Arbeit allein schon verdient das Suchen nach ihrer Geburtsstätte. Es war (vorausgesetzt, dass sie als solches diente) jedenfalls ein fürstliches Geschenk in des Wortes eminentester Bedeutung. Zahlreiche weitere Exemplare solcher Gegenstände illustriren die Mannigfaltigkeit der Herstellung, die dabei in Verwendung kam.

Die Textil-Arbeiten sind gering an Zahl. Als besonders schöne Arbeit verdient die dem 15. Jahrhundert entstammende ganz vortreffliche Stickerei Nr. 207 (2), welche offenbar ursprünglich an einem Pluviale oder einer Casula angebracht war, hervorgehoben zu sein.

Unter den Metallarbeiten, wohin auch die Münzen rubriziert wurden, sticht eine grosse Zahl von trefflichen Zinngüssen hervor. Bedeutend sodann sind eine grosse Reihe von Münzen und Medaillen in Edelmetall, sowie die zu Anfang des betreffenden Kapitels aufgeführte Serie von 28 Stück Medaillen auf Napoleon I., die deutlich zeigen, auf welcher Höhe die französischen Münz-Graveure standen zu einer Zeit, da in Deutschland von derartigen Dingen kaum die Rede sein kann.

Der weitaus bedeutendste Teil der Sammlung gehört in das Kapitel der Keramik. Abgesehen von einer Reihe ausgezeichneter Stücke in Steingut, sodann einer stattlichen Zahl ganz vorzüglicher Wedgwood-Arbeiten von vorzüglicher Schärfe der Reliefs, sind es hauptsächlich Fayencen, dann aber eine ungemein reichhaltige Suite von Porzellan-Arbeiten, die das Interesse in Anspruch nehmen. Italienische Majoliken fehlen gänzlich.

Unter den Fayencen finden sich zum grossen Teile fränkische Arbeiten, Henkelkrüge mit Malerei unter Glasur, sodann eine grosse Reihe cylindrischer Humpen von gleicher Dekoration vor, wovon einige als Stücke ersten Ranges bezeichnet zu werden verdienen. Ganz besonders schöne Arbeiten aber befinden sich unter den niederländischen

Arbeiten dieser Art. Sie müssen als eigentliche „morceaux de résistance" bezeichnet werden, da sie auch hinsichtlich ihrer Grössenverhältnisse ausserhalb der Durchschnitts-Qualität solcher Gegenstände stehen. Einige wenige sind bezeichnet, darunter eine grosse, sehr schöne Platte mit unbekannter Marke.

Den Glanzpunkt des Ganzen aber bildet die grosse Reihe von Porzellan-Arbeiten. Zunächst ist dieser Teil von sehr grossem Interesse, weil sich Arbeiten aller bedeutenderen Fabriken dabei vorfinden, darunter Meissen allein mit 45 Nummern (darunter mehrere Suiten, die nicht einzeln nummeriert sind), zum Teil aus der ersten Zeit. Arbeiten wie die tanzenden Figürchen, No. 575 (33) u. (34), Fabrik Frankenthal, dann die wundervolle Schale mit dem Zeichen von Vincennes und dem Monogramm Vavasseurs, vor allem aber die herrliche Büste der Königin Marie Antoinette, No. 611 (1), Fabrik Sèvres gehören mit zum Besten, was die Kunstfertigkeit des Modelleurs und Dekorateurs in dieser Hinsicht geschaffen hat. Es sind mit einem Worte gesagt Kapitalstücke. Die flotte, freie Behandlung des Materials, welches auf die ganze Dekorationsweise der gleichzeitigen Architektur sowie die technischen Künste einen ausschlaggebenden Einfluss übte, findet nach allen Seiten hin ihren vollen Ausdruck, so dass die Gruppe „Porzellan" allein an sich eine stattliche Sammlung bilden würde. Soweit es irgendwie möglich war, die Marken festzustellen, ist es geschehen; manche bezeichneten Stücke aber waren ihrer Provenienz nach durchaus unbestimmbar, darunter Nummern, z. B. Nr. 622 (4) & (5), von einer Vollendung des Technischen und Künstlerischen, die äusserst geschickte Arbeiter voraussetzen. Offenbar haben manche kleinere Fabriken bestanden, die noch nicht bekannt sind, oder es beschäftigten sich mit dergleichen, was nicht ausgeschlossen ist, auch Leute, die nicht als Angehörige des Personals einer bestimmten Manufactur bezeichnet werden können. Fabriken aber standen zumeist mit kleineren und grösseren Höfen in Verbindung, bei denen es, wie zu allen, auch zu unseren Zeiten, an fürstlichen oder nicht fürstlichen Dilettanten niemals gefehlt hat. Dass es unter diesen zuweilen geschickte Leute gibt und

gab, ist bekannt, somit mag vielleicht manches in Bezug auf die Marken Geheimnis bleiben. Der Dilettant zeichnet seine Arbeit immer, wenn auch nicht stets mit seinem wirklichen Namen, da Künstler zu sein, also etwas bestimmtes zu arbeiten, manchen Leuten von Stande, äusserlich wenigstens, wie eine Herabwürdigung ihrer Person vorkommt.

Nicht minder zahlreich ist die Gruppe „Glas" vertreten. Die wenigen farbigen Gläser deutschen und italienischen Ursprunges aus älterer Zeit müssen als sehr schöne Exemplare bezeichnet werden. Weitaus die grössere Zahl der Nummern jedoch sind weisse, zum Teil geblasene, zum Teil geschliffene und facettirte Arbeiten (Nachahmung des Kristallschnittes), wobei sich die Flächendekoration im Rahmen der Gravierarbeit und mässig angewendeter Vergoldung hält. Es sind zum grössten Teile — und das gibt ihnen einen gewissen Reiz als historische Stücke — nicht etwa ganze Service noch Teile von solchen, vielmehr beweisen die zahlreichen künstlerisch gravierten Namenszüge, Wappen, sowie die meist in Versen abgefassten Widmungen, die so recht den weitschweifigen, bombastischen Sprachstyl der Zeit charakterisieren, dass die einzelnen Stücke als persönliche Geschenke bei dieser oder jener Gelegenheit gegeben wurden. Über den Ursprung dieser prächtigen Humpen und Pokale war nichts zu eruieren, doch ist, der Nähe Böhmens nach zu urteilen, wohl der grösste Teil der facettierten Arbeiten aus diesem Lande gekommen, wanderte doch diese Ware sozusagen in ganz Europa auf den Markt; einzelnes mag auch von Nürnberg stammen, wo die Kunst des Schneidens, Gravierens etc. sehr im Schwunge war. Ein Humpen zeigt die Ansicht von Nürnberg. Namen von Glasschneidern fanden sich nirgends angedeutet. Die verschlungenen Namenszüge der Schenker solcher Gläser oder der Beschenkten wurden, soweit thunlich, dem Texte beigegeben und mag aus denselben wohl der eine oder andere der ursprünglichen Eigentümer eruirt werden.

Einige wenige Exemplare mit opaker Bemalung zählen unter den sogenannten Fichtelberger-Gläsern, doch trägt keines die charakteristische Dekoration der in Bischofsgrün hergestellten der

Objekte, auf denen zumeist ein bewaldeter Berg mit einem Ochsenkopf diesen Namen führt der höchste Gipfel des Gebirgszuges und die vier Flüsse, die dort entspringen, ringsum die goldene Kette mit Vorlegschloss abgebildet ist; es sind violenter Hochzeits-Gläser. Wie im Hochgebirge, so spielen auch im Fichtelgebirge die Venetianer Goldsucher eine sagenhafte Rolle, die indessen einen gewissen positiven Kern bekommt durch mehrere noch vorhandene sogen. Wallen-Büchlein Wallen, d. h. Wallonen nannte man die auf Edelerz schürfenden Italiener, deren einer sogar den Autornamen Giovanni Loy trägt. Die Überlieferung will, dass durch diese Leute die Kunst des Glasmachens im Fichtelgebirge bekannt geworden sei. An den Resultaten freilich würde man nicht an eine wenn auch nur ideelle Verbindung mit Venedig denken. Den Ursprung alles in Deutschland vorkommenden bemalten Glases indessen vom Fichtelgebirge herleiten zu wollen, erscheint eine etwas gewagte Hypothese. Herr Ober Landrichter Fr. Leist hat hierüber bemerkenswerte Beiträge in „Kunst und Gewerbe", 1873, No. 40 geliefert.

Es erübrigt noch, einer sehr bedeutsamen Gruppe der Bucherschen Sammlung zu gedenken, der Malereien nämlich, sowohl solcher in Email, als einer Reihe kostbarer und ganz vorzüglicher Miniaturen und endlich der ausserordentlich grossen Zahl von Ölbildern, Pastellen und Aquarellen. Die Emailmalereien sind zu dieser Gruppe gezogen worden, da sie nicht in der Art des Champ-levé oder Cloisonné, also mosaikartig, behandelt sind und dem Metall, was ihren Untergrund bildet, immer noch eine wesentliche Rolle bei der Wirkung überlassen; vielmehr gehören die aufgeführten Nummern durchweg jener Gattung von Email an, wo der metallische Untergrund dieselbe Rolle zu spielen bestimmt erscheint, wie jeder andere Malgrund, wie Leinwand, Holz, Metall, Papier, nur mit dem Unterschiede, dass die Applikation der Farbe auf dem Wege des Schmelzprozesses geschieht; die Hauptaufgabe dabei, der farbige Decor, fällt doch immerhin in erster Linie dem eigentlichen Maler zu.

Das vorzüglichste Stück, im Charakter und der Anordnung seiner Figuren gotisch, ist die Emailplatte Nr. 762(10), offenbar der Zeit nach ins 15. Jahrhundert fallend. Der Darstellung Christi Fusswaschung dürfte irgend ein Gemälde als Vorbild gedient haben, wie dies ja öfters vorkommt, denn gewisse feststehende Typen wie St. Petrus, St. Johannes finden sich auch da vor. Die einzelnen Figuren sind contouriert, sodass gewissermassen schon auf der Platte eine Grenze für die angewandten Farben entstand. Angewendet sind ausser dem zu Tage tretenden Golde der Folie noch blau, grün und braunrot. Eine andere, kleinere Emailtafel, der Technik nach ebenfalls unter die Limoges-Arbeiten zählend, zeigt die spätere Technik, wie sie das 16. Jahrhundert schuf, mit stehengelassenen weissen Lichtern. Die übrigen Email-Arbeiten sind in der von Jean Toutin erfundenen Art mit Auftrag sich nicht verändernder Farbe auf weissem Grunde ausgeführt, und mag als hervorragendstes Beispiel dieser Gattung das Bildnis eines Feldherrn in Rüstung und Allongeperrücke Nr. 766(4) genannt sein, wovon eine Abbildung gegeben ist.

Miniaturen auf Elfenbein und Pergament, sowie miniaturartige Ölmalereien finden sich in grosser Zahl ebenso wie in ganz vorzüglicher Qualität vor. Eines der letzteren trägt das Zeichen Lucas Cranachs, die geflügelte Schlange. Die Herausgeber befolgten auch hier den Grundsatz, die dem Werke gegebene Bezeichnung zu rubrizieren, ohne damit irgendwelche Verbindlichkeit — ebenso wie bei den Ölgemälden der Sammlung — bezüglich der Originalität der einzelnen Stücke einzugehen. Das ist Sache der kritischen Untersuchung und es sei hier wiederholt, was schon früher gesagt wurde, dass der Katalog kein raisonnierender sein will, sondern lediglich ein über den Bestand der Sammlung referierender. Wo über einzelne Objekte Urteile von Fachleuten, wie Thausing, Bayersdorffer, Frimmel etc., vorlagen, sind dieselben wiedergegeben.

Die Miniaturen, dem grösseren Teile nach Portraits, gehören durchweg dem 18. und beginnenden 19. Jahrhundert an, mit Ausnahme vielleicht von Nr. 798(17), das offenbar nach einem älteren Portrait hergestellt ist. Exemplare wie das Bildniss Katharina's II. von Russland, des Königs Ludwig XIV. von Frankreich, Friederichs d. Gr.

Prinzesse Lamballe, der Dubarry, Pompadour etc. sind entschieden als Kabinetstücke zu bezeichnen.

Unter den Staffeleibildern rangieren in erster Linie einige vorzügliche Stücke von unbezweifelter Aechtheit. Ein näheres über sie giebt der jeweilige Text. Gross ist dann die Reihe der Unbekannten; vielfach kommen auch Namen vor, von deren Vorhandensein die Kunstgeschichte bis heute noch keine Erwähnung thut, wenn sie auch vielleicht in ihrer Zeit eines lokalen Rufes genossen haben mögen. Es ist eben bei dieser Sammlung wie bei manchen andern; neben den kostbaren Stücken, die als Pracht-Exemplare ihrer Gattung gelten können, geht auch manches, was nicht in die vorderste Reihe künstlerischer Resultate zählt, einher, nichtsdestoweniger aber dennoch als Beitrag zur Charakteristik der Strömungen verschiedener Epochen gelten muss.

München, Anfang April 1891.

E. H v. Berlepsch.
Fr. Weysser.

Möbel & Decorations-Gegenstände

(Die eingeklammerten Ziffern beziehen sich auf die jetzige Nummerierung der Sammlung, welche gruppenweise durchgeführt ist.)

Möbel

1. (1) Reich eingelegter Zierschrank, dreiteilig mit vergoldeten Gliedern; der untere Teil auf sechs achteckigen, nach unten sich verjüngenden Füssen stehend mit eingelegter Tischplatte. Das Oberteil mit geschliffenem Spiegel als Mittelstück, mit durchbrochenem, vergittertem Aufsatz, seitlich je vier Schub-

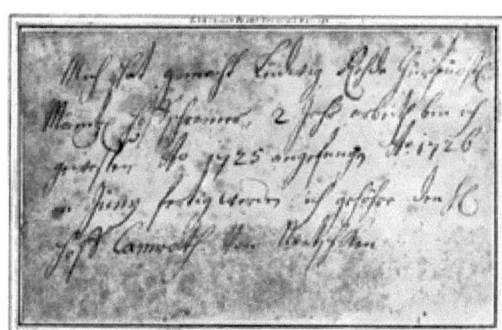

laden; die Arbeit in Rosenholz, Mahagoni, Nussbaum ausgeführt. Prachtstück ersten Ranges mit Dokument.
Breite 1,08 m, Höhe 1,90 m. (Siehe Abb. hinter S. 4 u. Details.)

2. (39) Sekretär, sog. Trésor, zweistöckig, mit einwärts geschweiftem Mittelteil des Untersatzes, geradem, oben im Bogen geschlossenem Aufsatz mit figuraler Einlage an der Mitteltüre und je sechs ornamental reich eingelegten Schubladen an der Seite. Material: Rosenholz, Nussbaum und Esche, Profile mit Messingblech überkleidet. Zeit: Louis XV.
Breite 1,25 m, Höhe 2,10 m. (Siehe Abb. hinter S. 8.)

3. (40) Ähnlicher Trésor mit Porzellanmedaillon-Einlage an der Innenseite der Mitteltüre; aussen kreisrunde Miniatur: Damenporträt. Zeit: Louis XV. Stammt aus dem Besitze der Markgräfin Sophie Friederike von Ansbach-Bayreuth.
Breite 1,15 m, Höhe 2,05 m.

4. (24) Ähnliches Stück mit Aufsatz, zierlichen Einlagen und Monogramm I. B. Mitte des 18. Jahrh.
Breite 1,12 m, Höhe 1,90 m.

Seitenansicht des Prachtschranks
Nr. 1 (1).

— 3 —

Platte zum Prachtschrank Nr. 1 u. 2

Seitenansicht vom Cabinet Nr. 5 (8).

5. 8. Cabinet, zweithürig, auf vierbeinigem Tisch mit schön eingelegtem Steg. Die sämtlichen Seiten des Oberteiles mit reicher ornamentaler Einlage in Schildpatt und Elfenbein. Auf dem Mittel der Thüren reich verschlungener Namenszug mit Krone, das gleiche an den Seiten. An der Innenseite der Thüre, offenbar total verschiedenen Ursprunges in der Arbeit, hohenzollern'sches Wappen mit den Schilden der verschiedenen Herrschaften, seitlich die wilden Männer. Inmitten des Wappen-Ovals Namenszug, verschieden von dem der Aussenseite; stammt aus dem Besitze der Markgräfin Friederike Wilhelmine von Ansbach-Bayreuth. (Siehe Abb. S. 4, 5 u. 6.)

Breite 1,15 m, Höhe 1,67 m. Die Füsse des Tisches sind nicht original.

6. 7. Zweithüriges Cabinet in Ebenholz, mit reicher Elfenbeineinlage auf (nicht originalem) Tisch, deutsche Arbeit, 17. Jahrh. Soll der Reisesehrank Friedrichs d. Gr. gewesen sein. Stammt aus Bayreuth. (Siehe Abb.)

Breite 1,10 m, Höhe samt Tisch 1,30 m, Cabinet allein Breite 0,80 m, Höhe 0,70 m, Tiefe 0,35 m.

7. 28. Cabinet in Ebenholz, auf gewundenen Säulen stehend, mit Messingbeschlägen, z. T. in Renaissance, z. T. aus späterer Zeit stammend. Aufsatz reich mit Pilastern gegliedert und vergoldeten vollen Messingfiguren. Schrank Periode Louis XIV.

Breite 1,20 m, Höhe mit Aufsatz 2,00 m.

8. 2. Reicher Schrank, zweistöckig, oben dreiteilig. Untersatz gerade, zweithürig m. flankierenden Caryatiden, Aufsatz, convexem Mittel- und concaven Seitenteilen, gebrochenem Bogengiebel und freistehenden Säulen an den Ecken, über denen sich konsolenartige Aufsätze erheben. Sämtliche Flächen in verschiedenen Hölzern eingelegt. Zeit: Anfang des 18. Jahrh. Wahrscheinlich Bamberger Kloster-Arbeit (Michelsberg). (Siehe Abb. Gruppe I.)

Breite 1,70 m, Höhe 2,20 m.

9. 38. Ähnlicher Schrank mit Ecksäulen und geschweiftem Mittelbau und mehrfach verkröpftem geschweiftem Giebel. An der Thüre des Aufsatzes in Elfenbein eingelegt: Cruzifixus. Stammt aus dem Kloster Michelsberg in Bamberg.

Breite 1,70 m, Höhe 2,10 m.

SAMMLUNG BUCHNER IN BAMBERG.

Nr. 1 (1) **Prachtschrank**
aus dem Anfange des 18. Jahrhunderts. (Deutsche Arbeit.)

Nr. 5 (8). Cabinet mit Schildpatt und Elfenbein-Einlagen. 18. Jahrhundert.

Nr. 6 (7). Cabinet von Ebenholz mit Elfenbein-Einlagen. 17. Jahrhundert.

10. 17. Grosser Schrank in Eichenholz, Ende des
16. Jahrh. in strengen Architekturformen,
südtiroler oder oberitalienischen Ursprunges,
unten mit dorischen, oben mit jonischen
Pilastern gegliedert, sehr schönes Stück.
Breite 2.15 m, Höhe 2.60 m

11. 18. Zweithüriger Schrank mit reicher, z. T. farbiger Intarsia Arbeit in den Panneaux zwi-

Detail zu Nr 11. 18.

schen den durchgehenden cannellierten jonischen Säulen. An den Postamenten sowie
den Friesen hinter den Säulen reiche vege-
tabilisch-ornamentale Intarsien, die Friese
um die Felder mit den Evangelisten in
Eschenmaser. 16. Jahrh. Süddeutsche Arbeit.
Stammt aus dem Peller-Hause in Nürnberg.
(Siehe Abb. S. 11 und Detail-Abb.)
Breite 1.90 m, Höhe 2.10 m, Tiefe 0.65 m.

Nr. 13. 20.

12. 19. Tisch mit reich eingelegter Platte in Eichenholz und Nussbaum mit gewundenen Füssen;
auf der Platte in vier Feldern Reiter in
Turnierrüstung mit Wappen. Die Friese
ringsum mit reichem Arabeskenwerk verziert.
Nürnberger Arbeit. 16. Jahrh. (Siehe Abb.)
Platte 1.18 zu 1.25 m

Nr. 11. 21.

13. 20. Reich geschnitzte Truhe in Nussbaumholz
mit geradem Deckel, geflügelten Greifen-
köpfen als Füsse und reichem Arabeskenwerk im Mittelstück, von Caryatiden flankiert.
Oberitalienische Arbeit. 16. Jahrh. (Siehe Abb.)
Länge 1.70 m, Tiefe 0.50 m, Höhe 0.90 m.

14. 21. Truhe mit ähnlicher Dekoration und reich
gegliedertem Deckel. (Siehe Abb.)
Dimensionen wie oben, mit Deckel 1.05 m hoch.

Innenseite der Thüren des Cabinets Nr 5. 8. 3. 4

— 6 —

H. Alberts & Co Industrie München

Tischplatte zu Nr. 12 (10).

15. (93) Eingelegter Glas-(Gewehr-)Kasten mit geschweiftem Gesims und abgekanteten Ecken.
Breite 1,35 m, Höhe 2,56 m, Tiefe 0,35 m.

16. (10) Doppelthüriges Cabinet auf Tisch mit geschweiften Füssen, Lackarbeit mit Chinoiserien auf weissem Grunde. Das Mittelstück vertiefte Nische mit Pilasterarchitektur und Spiegel. Ausserst seltene Arbeit. (Siehe Abb. S. 12.)
Breite 1,00 m, Höhe 1,60 m, Tiefe 0,50 m.

17. (56) Geschweifter Sekretär, zweistöckig; Decor weiss mit Gold- und Spiegeleinlagen, ganz in Holz. Periode Louis XV., sehr feines Stück. (Siehe Abb. nach S. 10.)
Breite 1,05 m, Höhe 1,70 m, Tiefe 0,60 m.
Dazu gehörig.

18. (54) Kleine geschweifte Kommode mit zwei Schubladen und rotem Marmordeckel, ebenfalls sehr feines Stück. (Siehe Abb. Gruppe II.)
Breite 0,86 m, Höhe 0,77 m, Tiefe 0,48 m.
Dazu weiter gehörig

19. (55) Grössere Kommode mit drei Schubladen und Marmorplatte.
Breite 0,82 m, Höhe 0,85 m, Tiefe 0,50 m.

20. (49) Rokoko-Kommode, dreiteilig geschweift mit reichen Einlagen und Metall-(Bronce-)Griffen. Mitte des 18. Jahrh.
Breite 1,25 m, Höhe 0,85 m, Tiefe 0,75 m.

21. (4) Einfaches Kästchen mit geschweiften Füssen und Marmorplatte, eingelegt mit Messingbeschläge. Mitte des 18. Jahrhh.
Breite 0,70 m, Höhe 0,85 m, Tiefe 0,45 m.

22. (4) Pendant hierzu.
23. (26) Cabinet, eingelegt mit gravierten Metallplatten, dreiteilig.
Breite 0,90 m, Höhe 1,04 m, Tiefe 0,37 m.
24. (47) Kleiner Schrank mit regelmässiger Rechteckeinteilung und durchbrochenem vergoldetem Aufsatze. Auf den einzelnen Feldern in Relief Carnevalsfiguren im Style Callots, Italienische Arbeit des 17. Jahrh. (Siehe Abb.)
Breite 0,65 m, Höhe 0,80 m, Tiefe 0,30 m.

Nr. 25 (47) Zierschrank,
Italienische Arbeit, 17. Jahrhundert.

25. (5) Schmuckschränkchen in Ebenholz mit Metall- und Perlmutter-Einlagen, vorspringenden Seitenteilen auf Elfenbein-Säulchen, mit durchbrochener Galerie. 17. Jahrh. (Siehe Abb.)
Breite 0,50 m, Höhe 0,55 m, Tiefe 0,20 m.
26. (22) Kleines geschweiftes Schränkchen mit Marmorplatte und Einlagen in der Schublade, mit Messing montiert. Mitte d. 18. Jahrh.
Breite 0,69 m, Höhe 0,85 m, Tiefe 0,45 m.
27. (53) Zweiteiliges Kästchen, aussen und innen mit eingelegter Arbeit. 17. Jahrh.
Breite 0,69 m, Höhe 0,73 m, Tiefe 0,30 m.
28. (23) Ebenholzkästchen mit gewundenen Säulen an den Ecken, innen mit geätzten und gravierten Silbereinlagen im Style des Th. de Bry, 17. Jahrh. Im Deckel Schildpatteinlage mit reicher ornamentaler Umrahmung.
Breite 0,38 m, Höhe 0,33 m. (Siehe Gruppe XV.)

29. (30) Eingelegte Kassette (Zunftlade) mit Jahreszahl 1683, mit gedrehten Ecksäulchen und Doppelschloss. Inwendig mit Inschrift: Hans Lorenz Muler, Sebastian Veh, Z. Gschworne.
Länge 0,60 m, Breite 0,45 m. (Siehe Gruppe XV.)
30. (31) Kassette mit reich verkröpften Füllungen und Einlagen, 17. Jahrh.
Breite 0,35 m, Höhe 0,39 m, Tiefe 0,30 m.
31. (33) Kassette mit Messingbeschläg u. sehr schönen figürlichen Einlagen, Mitte d. 18. Jahrh.
Breite 0,38 m, Höhe 0,22 m, Tiefe 0,25 m.
32. (43) Kästchen mit figuralen und ornamentalen Einlagen sowohl auf der Aussen- als Innenseite. Ende des 17. Jahrh.
Breite 0,50 m, Höhe 0,46 m, Tiefe 0,30 m.
33. (52) Kästchen in Form einer geschweiften Kommode mit reichen Einlagen. (Siehe Abb. auf Gruppenbild Nr. II.)
Breite 0,42 m, Höhe 0,28 m, Tiefe 0,24 m.
34. (59) Ebenholzkassette mit Elfenbeineinlagen und Metallecken, cubisch; Ende d. 17. Jahrh.
Seitenlänge 0,12 m.
35. (60) Kleines Coffret, weiss mit Gold.
Breite 0,22 m, Höhe 0,18 m.
36. (74) Zunftlade, eingelegte Arbeit, datiert 1730.
Breite 0,50 m, Höhe 0,36 m, Tiefe 0,36 m.
37. (82) Kassette mit geschliffenen Spiegelglas-Einlagen (Tugenden) und vergoldeten Leisten. 18. Jahrh.
Breite 0,20 m, Höhe 0,10 m, Tiefe 0,13 m.
38. (83) Kassette in Ebenholz mit geschliffenen Spiegelglaseinlagen (Tiere). 18. Jahrh.
Breite 0,33 m, Höhe 0,17 m, Tiefe 0,20 m.
39. (85) Kleine eingelegte Kassette mit Liebesszenen auf dem Deckel.
Breite 0,21 m, Höhe 0,08 m, Tiefe 0,12 m.
40. (87) Coffret mit chinesischer Lackarbeit, inwendig Damenbildnis, ganze Figur. 18. Jahrh.
Breite 0,38 m, Höhe 0,14 m, Tiefe 0,27 m.
41. (6) Viereckiger Tisch mit gewundenen Füssen und reich eingelegter Platte. 17. Jahrh.
Länge 1,00 m, Breite 0,70 m.
42a & b (11) u. (3) Rokoko-Klapptische mit reich eingelegter Platte und geschweiften Füssen. In einer Umrahmung äusserst zierlicher Guirlanden und Rocailornamente zeigt die eine Platte jägerische, die andere Schäferszenen. (Siehe Abb.)
Höhe 0,80 m.
Beide sind quadratisch, die Seite 0,80 m lang.

Sammlung Buchner in Bamberg.

Nr. 2 (39) **Trésor mit Intarsien.**
18. Jahrhundert.

43. (9) Reich geschnitzter Barocktisch mit vergoldeten Füssen und geschweifter Marmorplatte, Louis XV. (Siehe Abb. S. 10.)
Durchmesser der Platte 0,75 m.
44. (25) Ovaler Tisch auf geschnitztem Untersatz, die Platte reich eingelegt mit Blumenstücken (Mitte) und ornamentalem Fries am Rande. Mitte des 18. Jahrh.
Längsdurchmesser der Platte 1,00 m.
45. (27) Tisch (Füsse und Blatt alt) mit treppenartigem Aufsatz (neu), in dessen Feldern sich

Nr. 25 (5). Schmuckkästchen in Ebenholz mit Intarsien.

quadratische Porzellan-Einlagen mit reizenden Blumenstücken finden (diese 20 cm Seitenlänge).
Länge 1,50 m, Breite 0,79 m, Höhe mit Aufsatz 1,70 m.
46. (29) Pendant hierzu.
47 a & b (34) u. (35) Konsoltischchen mit vergoldeten reich geschnitzten Füssen u. Marmorplatte, Louis XV.
Höhe 0,85 m, Breite 0,65 m, Tiefe 0,45 m.
48. (36) Rokokotisch mit geschweiften reich geschnitzten Füssen und eingelegter Platte.
Länge 1,35 m, Breite 0,80 m.
49. (42) Einfacher Rokoko-Spieltisch mit eingelegter quadratischer Platte.
Länge der Plattenseite 0,90 m.

50 a & b (44) u. (45) Spiegeltischchen mit 3 Füssen und halbrunder Platte, Empire.
Durchmesser 0,41 m.
51. (46) Ovaler Tisch mit geschnitztem Träger (Bacchusfigur). 18. Jahrh.
Längste Axe 0,85 m.
52. (48) Spieltisch mit eingelegter Platte; i. d. Mitte bemalte Solnhoferplatte mit Parklandschaft.
Plattenseite 0,95 m (Quadrat).
53. (50) Rokokotisch mit eingelegter Platte.
Länge 0,93 m, Breite 0,60 m.
54. (51) Spieltisch zum Klappen mit eingelegter Platte und geschweiften Füssen. Inwendig sinnreicher Mechanismus zum Würfeln.
Seitenlänge des Blatts 0,80 m (Quadrat).
55. (58) Gueridon mit gewundenem Fusse und eingelegter Platte. 17. Jahrh.
Höhe 0,76 m.
56. (12) Gueridon, mit Negerherme als Träger, teilweise vergoldet, mit Marmorplatte, die auf der Federkrone des Trägers aufliegt.
Höhe 0,90 m. (Siehe Abb. Gruppe III.)
57. (13) Garnitur, bestehend aus Sopha, zwei Fauteuils und zwei Ecksitzen, reich geschnitzt, weiss mit Gold und bunten Blumen (Porzellan-Imitation). Reicher Überzug aus hellblauer Brocatseide. Mitte d. 18. Jahrh. Vorzügliches Ensemble.
(Fauteuil siehe Gruppe III.)

Nr. 42 (0). Eingelegte Tischplatte.

58. (57.) Grosser Fauteuil Louis XIV., schwarz mit vergoldeten Ornamenten. Siehe Gruppe II.

59. (58.) Spiegel, geschliffen, mit porzellan-imitierter Malerei am Rahmen. Louis XV. Siehe Gruppe IV.
Breite 0,37 m, Höhe 0,80 m.

60. (59.) Rokokospiegel mit geschweiftem vergoldetem Rahmen.

61. (60.) Rokoko Ovalspiegel, geschnitzt.
Breite 0,50 m, Höhe 0,60 m.

Nr. 61. Paradetisch, 18. Jahrhundert.

62. (61.) Grosser Venezianerspiegel mit Aufsatz aus Glas, sehr schönes Stück. (Siehe Gruppe V.)
Höhe 1,45 m, Breite 0,70 m.

63. (62.) Geschliffener Spiegel mit reich geschnitztem vergoldetem Rahmen. 17. Jahrh.
Höhe 1,20 m, Breite 1,60 m.

64. (63.) Geschliffener Spiegel mit vergoldetem und geschnitztem Rokokorahmen.
Höhe 0,90 m, Breite 0,60 m.

65. (64.) Geschliffener Ovalspiegel mit reichem Barockrahmen (kriegerische Embleme), ausserordentlich schönes Stück.
Höhe 1,50 m, Breite 1,00 m.

66. (65.) Geschliffener Spiegel in vergoldetem Rokokorahmen.
Höhe 0,70 m, Breite 0,40 m.

67 & 68. (66) u. (67.) Geschliffener Rundspiegel mit Rokokorahmen.
Durchmesser 0,25 m.

68 a & b (68) u. (69.) Spiegel mit Rokokorahmen, der eine geschliffen.
Höhe 0,75 m, Breite 0,45 m.

69 a & b (70) u. (71.) Spiegel mit Barockrahmen (Plaquen) schwarz mit Gold.
Höhe 0,60 m.

70. (72.) Geschliffener Spiegel mit Ornamenten; Rahmen verkröpft mit Porzellaneinlagen.
Höhe 0,78 m, Breite 0,17 m.

71. (73.) Kleiner Spiegel in schwarzem Holzrahmen.
Länge 0,35 m, Höhe 0,45 m.

72 a & b (74) u. (76.) Geschliffener Venezianerspiegel.
Höhe 1,17 m, Breite 0,50 m.

73. (77.) Ovaler Toilettenspiegel mit Schubladen-Untersatz, weiss mit Gold (Empire), plastisch verziert. (Etwas beschädigt.)
Höhe 0,47 m, Breite 0,45 m.

74. (78.) Zwei längliche Spiegel mit Goldrahmen, Louis XV. (Etwas beschädigt.)
Höhe 0,62 m, Breite 0,23 m.

75. (79.) Spiegel mit halbrundem Abschlusse; Perlstabeinfassung und Marmoreinlagen (Empire).
Höhe 0,72 m, Breite 0,39 m.

76. (80.) Ovaler Wandspiegel mit geschnitztem vergoldetem Rahmen, geschliffenem und ornamentiertem Glase; seitlich mit Armleuchtern.
Breite 0,34 m, Höhe 0,43 m.

77. (81.) Geschweifter Wandspiegel mit geschnitztem Rahmen und Armleuchtern in Holz, vergoldet, facettiertes Glas, dat. 1750.
Länge 0,63 m, Breite 0,42 m.

78. (84.) Geschliffener Spiegel mit reichem Rokokorahmen in Holz. 18. Jahrh.
Höhe 0,31 m, Breite 0,29 m.

79. (88.) Quadratisches Postament in Ebenholz mit Porzellaneinlagen.
Höhe 0,22 m, Breite 0,20 m.

Nr. 17 (56) Secretär.
18. Jahrhundert.

80. (86) Zwei holzgeschnitzte Armleuchter, weiss mit Gold, Louis XVI. (Siehe Gruppe II.)
   Höhe 0,29 m, Ausladung 0,10 m
81. (89) Runde Laterne mit kupfernem, nietenbesetztem Gehäuse und geschwungenem Deckel
   Höhe 0,36 m, Durchmesser 0,20 m.
82. (90) Achteckige Laterne aus vergoldetem Eisenblech mit dreifachem Aufsatz
   Höhe 0,45 m, Durchmesser 0,22 m

83. (91) Sechseckige Glaslaterne mit geschliffenen ornamentierten Scheiben, auf deren Mitte allegor. Figuren (Tugenden), Styl Louis XV (Siehe Gruppenbild Nr. II)
   Höhe 0,47 m, Durchmesser 0,21 m
84. (92) Kaminvorsatz, in Kupfer getrieben 18. Jahrh
   Höhe 0,35 m, Breite 0,46 m

Nr. II (18). Renaissance-Schrank mit farbigen Einlagen. 16. Jahrhundert.

Nr. 16 (10) **Kasten in Lackarbeit.**
18. Jahrhundert.

Uhren

Nr. 89 (1). Rokoko-Standuhr. 18. Jahrh.

Nr. 108 (13). Empire-Standuhr.

85. (7) Renaissance-Standuhr in vergoldeter Bronce mit breitem Untersatz, darüber Säulen auf Postamenten und bekrönendem, von Rundsäulchen getragenem Pavillon. Auf der Vorderseite ausser dem Zifferblatt ein Kalendarium. (Siehe Abb. bei Gruppe XII.)
Höhe 0,37 m.

86. (12) Kleine Standuhr in vergoldeter Bronce mit Säulchen und Schlagwerk. 17. Jahrh.
Höhe 0,19 m.

87. (1) Grosse Standuhr mit geschweiftem Gehäuse aus Ebenholz mit Metallornamenten, auf dazu passender Konsole. Louis XV. Vorzügliches Stück. (Siehe Gruppe IV.)
Höhe 1,00 m.

88. (18) Rokoko-Standuhr in Rosenholz mit vergoldet. Ornamenten und geschweiftem Gehäuse, das Zifferblatt vergoldet und z. T. emailliert, bezeichnet: *Le Roy à Paris*. Mitte des 18. Jahrh. Sehr feines Stück. (Siehe Abb. Gruppe II.)
Höhe 0,73 m.

89. (4) Rokoko-Uhr, geschweift mit Boule-Arbeit und Metallbeschläg. Unten Figurengruppe in Relief: Nackte männliche und weibliche Figur, als Bekrönung ein Adler. Louis XV.
Höhe 0,33 m. (Siehe Abb.)

90. (2) Reiche Rokoko-Hänge-Uhr mit geschnitztem Rahmen und getriebenem vergoldetem Zifferblatt.
Höhe 0,53 m, Breite 0,34 m.

91. (3) Kleine Barock-Standuhr in Silber getrieben.
Höhe 0,05 m.

92. (5) Konsol-Uhr, schwarz mit Gold und getriebenem Zifferblatt, laut Inschrift verfertigt von *Leopold Hoyss in Bamberg*. Mitte d. 18. Jahrh.
Höhe mit Konsole 0,80 m.

93. (6) Spindel-Uhr mit vergoldeter, ornamentaler Bronce-Umrahmung, das Zifferblatt von einer Puttenfigur gehalten, am Fusse eine Saturnus-Figur mit Sense. Das Werk bezeichnet: *C. Hasius, Amsterdam*. Das Zifferblatt graviert mit Monatsbezeichnung. (Siehe Abb. S. 14.)
Höhe 0,34 m.

94. (8) Rokoko-Standuhr mit Schlagwerk und getriebenem Blatt in vergoldetem Blech.
H. 0,29 m.

95. (9) Grosse Standuhr in viereckigem Gehäuse mit geschweiftem Abschluss auf viereckigem Postament, die Ecken unter dem Kranzgesimse mit Engelsköpfchen, darüber Puttenfigürchen mit den Emblemen der Bischofswürde und bekrönendem Wappen, in dessen Schild ein K mit Krone. Ausser dem Stunden-Zifferblatt ein Kalendarium und Astrolabium. Material Ebenholz, die Zierglieder vergoldet. Laut Bezeichnung gefertigt von *Bernardus Genspacher, Kaisersh.* (Kaisersheim.) (Siehe Gruppe IV.)
Höhe 0,75 m.

96. (11) Kleine Uhr in durchaus emaillbemaltem Gehäuse mit Ständer (weibl. Figur) und emailbemaltem Fusse. Werk neu. Inwendig Darstellung einer Hygieia. Mitte d. 18. Jahrh.
Höhe 0,16 m.

— 13 —

116. 7. Hüfthorn mit reicher Schnitzerei, Portraitmedaillons, Liebes- und Schauns-Scenen, Maskerons und Blattwerk. Deutsche Arbeit des 17. Jahrhunderts. Siehe Abb.
Länge 0,52 m.

117. 12. Besteck, Gabel und Messer in Lederfutteral mit Deckel; die Griffe in Elfenbein geschnitzt, je eine nackte männliche und weibliche Figur mit Kind darstellend. Deutsche Arbeit des 17. Jahrhunderts; auf dem Etui die Jahreszahl 1787. Siehe Abb.
Länge samt Futteral 0,24 m.

118. 13. Grosses Tranchiermesser mit gewundenem Horngriff mit Silberdrahteinlagen. 17. Jahrh.
Länge 0,45 m.

119. 11. Besteck, Messer und Gabel, Perlmuttergriff mit primitiven Tierfiguren, in Lederfutteral, datiert 1767. A. N. N.
Länge des Ganzen 0,26 m.

120. 9. Elfenbeingriff für ein Petschaft, Büste Friedr. des Grossen.
Höhe 0,065 m.

121. 9. Kleiner antikisirender Reliefkopf in ovalem Feld-Einsatz.
0,04 m hoch.

122. 23. Oval-Relief in Elfenbein, Andromeda darstellend, 17. Jahrh.
Länge 0,095 m.

123. 1. Grosser Crucifixus in Elfenbein, auf Ebenholz-Kreuz, und stark geschweiftem Untersatz. Die Figur des Gekreuzigten in vollendeter Durchbildung. 18. Jahrh., stammt aus dem Jesuitenkloster zu Bamberg.
Höhe 1,19 m, Höhe der Figur 0,35 m. (Abb. S. 17.)

124. 14. Kruzifix in Elfenbein auf schwarzlakiertem Stamm und stark geschweiftem Rokokountersatz. 18. Jahrh. Deutsche Arbeit.
Ganze Höhe 0,60 m, Länge der Figur 0,165 m.

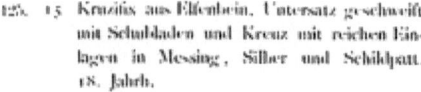

Nr. 116 7.
Hüfthorn
17. Jahrh.

Nr. 117 12.
Besteck mit Elfenbeingriffen. 17. Jahrh.

125. 15. Kruzifix aus Elfenbein, Untersatz geschweift mit Schubladen und Kreuz mit reichen Einlagen in Messing, Silber und Schildpatt. 18. Jahrh.
Höhe 0,55 m.

126. 10. Kruzifix mit Figur aus Silber, Kreuz und Untersatz in Schildpatt eingelegt. 18. Jahrh.
Höhe 0,40 m.

127. 20. Kreuz in Perlmutter. Auf der Vorderseite graviert Christi Taufe im Jordan, in den vier Kreuzes-Enden Evangelistenfiguren, in der unteren Verlängerung desselben Priester in griechisch-orientalischem liturgischem Gewande. Die Rückseiten-Mitte zeigt den Gekreuzigten mit paralleler Fussstellung, rechts Johannes, links Maria, oben Gottvater. Unten Schädel mit gekreuzten Knochen. Über dem Gekreuzigten die Inschrift:

IHЦI.

welche den Ursprung zweifellos bekundet. Unten die hl. Katharina mit Palmzweig und Rad, das Ganze russische Arbeit. (Abb. S. 17.)
Länge 0,20 m, Breite 0,11 m.

128. (5) Fächer mit Elfenbeingestell, ornamentaler und figuraler Malerei, stellenweise vergoldet. Sehr gut erhalten. 18. Jahrh.
Länge 0,20 m.

129. (117) Fächer mit Elfenbeingestell in durchbrochener Arbeit, mit Kinderfiguren en relief; auf dem Fächer in guter Gouachemalerei: Jakob am Brunnen mit Rahel. 18. Jahrh.
Länge 0,29 m.

130. (118) Fächer, ganz aus Bein in durchbrochener Arbeit. Ende des 18. Jahrh.
Länge 0,15 m.

131. (119) Fächer mit geschnitzten Elfenbeinseitenteilen und figürlicher Malerei: Die Frauen Roms vor Coriolan. 18. Jahrh.
Länge 0,29 m.

132. (21) Fächer mit geschnitzten und durchbrochenen Seitenteilen und versilberten Papierspitzen, datiert 1760.
Länge 0,28 m.

133. (22) Fächergestell, sehr gut erhalten, mit durchbrochener Arbeit. Ende des 18. Jahrh.
Länge 0,14 m.

124. (124) Steckkamm aus Schildpatt mit reich durchbrochenem Rande, antike Kriegerfiguren und Portrait Friedrich Wilhelm III. von Preussen. Länge 0,20 m.

125. (8) Runde chinesische Dose aus Bein mit Schnitzerei. Inwendig Spielmarken aus Perlmutter.
Durchmesser 0,04 m, Höhe 0,03 m.

Nr. 127 16 . Kreuz in Perlmutter. Russische Arbeit.

Nr. 125 4 . Kruzifix in Elfenbein 18 Jahrh.

126. (125) Zwei Figürchen in Marmor.
    a) Nackte, weibl. Figur, sitzend, mit nach rechts gewendetem Kopfe, zierliche Arbeit (etwas beschädigt).
    b) Bekleidete weibl. Figur, in der Rechten einen Köcher haltend, mit der Linken einen Hund streichelnd (Diana).
Beide auf Postament.
Höhe 0,27 m.

127. (26) Zwei ovale, männliche Reliefportraits in Alabaster.
    a) Ludwig von Erthal, Fürst-Bischof von Bamberg.
    b) Christoph Freiherr von Ruseck, Fürst-Bischof von Bamberg.
Durchmesser 0,19 und 0,14 m.

128. (127) Zwei ovale Portraitmedaillons in Gips auf rötlich getontem Grund, Herr und Dame im Kostüm der 90er Jahre des 18. Jahrh.
Durchmesser 0,19 und 0,15 m.

Holzschnitzereien

139 a & b. (6) u. (7) Figuren in Birnbaumholz, getönt, Adam und Eva, Ende des 18. Jahrh. (Siehe Gruppenbild Nr. 1.)
Höhe 0,60 m.

140 a & b. (8) u. (9) Italienische Holzfigürchen, Arlequino und Colombine, die Fleischteile in Elfenbein, 18. Jahrh.
Höhe 0,15 m.

141. (10) a) Tanzender Pierrot
b) Entsprechende Pierrette
in Holz mit Perlmuttereinlagen, die Fleischteile in Elfenbein. Die eine Figur etwas beschädigt. 18. Jahrh., Italienische Arbeit. (Siehe Abb.)
Höhe 0,21 m.

142. (11) Bettlerfigur in Birnbaumholz, wie die vorigen behandelt.
Höhe 0,21 m.

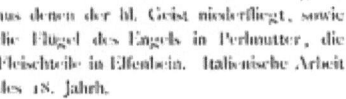
Nr. 141 (10). Italienisches Holzfigürchen. 18. Jahrh.
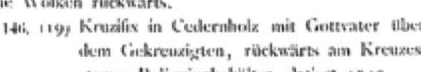
Nr. 141 (10). Italienisches Holzfigürchen. 18. Jahrh.

143. (12) Mariä Verkündigung, runde Figuren. Die Wolken rückwärts, aus denen der hl. Geist niederfliegt, sowie die Flügel des Engels in Perlmutter, die Fleischteile in Elfenbein. Italienische Arbeit des 18. Jahrh.
Höhe 0,27 m. Breite 0,28 m.

144. (13) Nacktes Kinderfigürchen, Mädchen, in Pappelholz, reizende Arbeit. (Siehe Abb.)
Höhe 0,22 m.

145 a & b. (14) u. (15) a) Nackte weibliche Figur mit Guirlande (Flora, oder Frühjahr). (Siehe Abb.)
Höhe 0,295 m.
b) Nackte männliche Figur, Schnitter mit Garben darstellend (Sommer), Lindenholz.
Höhe 0,27 m.

146. (19) Kruzifix in Cedernholz mit Gottvater über dem Gekreuzigten, rückwärts am Kreuzesstamm Reliquienbehälter, datiert 1740.
Höhe 0,295 m.

147. (16) Kreuz in Holz geschnitzt mit Darstellungen (durchbrochene Arbeit) aus dem Leben Christi. Die Vorderseite zeigt im Mittelfelde die Taufe Christi im Jordan, links und rechts davon in Halbfiguren betende Engel, oben und unten Evangelistenfiguren. Auf der Rückseite Christi Kreuzigung, rechts und links davon bekrönte Halbfiguren, in der Rechten ein Kreuz haltend. Oben und unten wiederum Evangelisten. Bei jeder Scene

reicher architektonischer, durchbrochener Hintergrund. Das Gewand sowie die ganze Haltung der Figuren der ausserordentlich fein geschnitzten Stücke sind durchaus byzantinisierend, indessen scheinen sie dem allgemeinen Typus der griechisch-orientalisch-kirchlichen Kunst zu folgen. Die umrahmende

Nr. 150 (23). Basrelief in Holz geschnitten (französische Arbeit) 18. Jahrhundert.

Nr. 141 (15). Italienisches Kinderfigürchen. 18. Jahrh.

Architektur zeigt gedrückte Korbbogen, welche jedoch in der Mitte gleich den spätgotischen Flamboyants sich emporwinden. Die vorhandenen Inschriften weisen altslavische Charaktere auf. Ausserordentlich gut erhalten. (Siehe Abb.)
Länge 0,69 m, Breite 0,55 m.

148. (22) Holzgeschnitztes und bronziertes Modell (in Lindenholz) zu einem Denkmal. In Cartouche Miniaturporträt. 18. Jahrh. (Siehe Gruppe III.)
Höhe 0,66 m.

149. (17) Von Schwanthaler geschnitzter Maserkopf mit stark relieferten Figuren, Zechern, (lauter Porträts von Schwanthalers Freunden) die sich im Stadium höherer Heiterkeit befinden. Auf dem Deckel halbaufgerichtete, männliche Figur, der verkörperte Katzenjammer.
Länge des Kopfes 0,11 m.

150. (23) Basrelief in Holz geschnitten, Bacchanten-Szene darstellend, von ausserordentlicher Vollendung der Komposition und Modellierung, 18. Jahrh., Französische Arbeit. (Siehe Abb.)
Länge 0,34 m, Breite 0,26 m.

151. (4) Grosses Dambrett, inwendig mit Trik-Trak, 16 weissen und 16 schwarzen Steinen, wovon

die letzteren auf Kriegsthaten der Habsburger beziehen und sogar Leopold als „Magnus" bezeichnen. Verschiedene Steine zeigen auf dem Avers die Belagerung oder Einnahme von Städten oder tragen diesbezügliche Inschriften, so z. B. auf die Einnahme von Namur, Mainz etc. Auf vielen finden sich en relief Glorifikationen für Habsburgische Herrscher, so vor allem für Joseph I. Auf den weissen Steinen finden sich zumeist allegorische Darstellungen mit diesbezüglichen Sprüchen, z. B. „AMOUR TROUVE MOYEN" oder „NON TEMNERE PARVOS" oder „NEC TIMIDE, NEC TU-

Nr. 152. (1). Holzfigürchen „Flora". 18. Jahrh.

MIDE-. TRAU NICHT DEM APPETIT, DIE KÖRNER AUSZUPICKEN, ES KÖNNTE DIR DIE LUST IN EINER KLAU ERSTICKEN" etc. Jedenfalls die schwarzen, vielfach mit P. H. M. bezeichneten die künstlerisch bedeutenderen, alle vorzügl. erhalten. 18. Jahrh. (Siehe Gruppe II.)

Das Dambrett 0,50 m im Quadrat, 0,10 m dick, die Steine mit Durchmesser 0,050.

Nr. 115 (4). Geschnitzte Krone. Griechisch-orientalische Arbeit.

152. (3) Grosses Dambrett mit Elfenbeinsteinen, komplett.

0,74 m lang, 0,56 m breit, 0,15 m dick.

153. (20) Zwei vasenartige Aufsätze in Lindenholz, Rokoko.

Höhe 0,32 m.

154. (21) Gedrehter Becher mit gewundenem Aufsatz und stellenweiser Vergoldung. Meisterstück, Lindenholz. (Siehe Abb.)

Höhe 0,53 m.

155. (1) Überflochtener, mit Zinn montierter und inwendig gepichter Deckelkrug aus Holz.

Höhe 0,16 m.

156. (2) Holzbitsche mit starken Zinneinlagen und Zinndeckel, Fries mit Grenadieren und Wappen.

Höhe 0,19 m, Durchmesser 0,15 m.

157. (3) Detto mit Ornament und wappenhaltendem Löwen. Auf dem Zinndeckel Reliefdarstellung mit der Umschrift: Felici foedere jungam 1699 mit Monogramm M. B. Die zwei dabei befindlichen Bildnisse bezeichnet als: JOSEPH. ROM. ET. HUNG. R. und MARIA. JOSEPH. CON.

Höhe wie vorige.

Nr. 154 (21). Gedrehter Holzbecher.

Dosen

158. (1) Goldene, z. T. guillochierte Dose mit Ornamenteinlagen in Email translucide an den geschweiften Seiten. Auf dem Deckel Emailminiatur mit Falkenjagdszene von feinster künstlerischer Ausführung. Das Ganze ist als ein Prachtstück allerersten Ranges zu bezeichnen, der Haltung nach französische Arbeit; sie soll ein Geschenk von Louis XV. an einen Thurn und Taxis gewesen sein. Beschaustempel:

CR
C

Länge 0,089 m. Breite 0,045 m, Höhe 0,02 m. (Siehe Abb.)

Nr. 158. (1). Goldene Dose mit Emailmalerei. 18. Jahrh.

159. (3) Geschweifte Dose in vergoldetem Silber mit Perlmutterdeckel. Darauf in vergoldetem Silber Putte mit Seeungeheuer in Relief. Unterseite graviert. Auf der Innenseite des Deckels eingelassenes Miniaturportrait einer Dame mit Vogel auf der Hand. Mitte des 18. Jahrh.
Länge 0,07 m, Breite 0,055 m, Höhe 0,025 m.

160. (7) Grosse Silberdose, inwendig vergoldet, auf dem Deckel Emailmalerei auf weissem Grunde, die schöne Galathe darstellend, inwendig Damenportrait.
Länge 0,09 m, Breite 0,065 m, Höhe 0,03 m.

161. (12) Dose in Silber in Form eines Löwen.
Länge 0,06 m.

162. (28) Silbervergoldete, ovale Dose mit Ornamenten im Style Le Pautre's mit runder Emaileinlage, ein Reitergefecht nach Rugendas darstellend, vorzügliche Malerei, mit Beschauzeichen

Länge 0,075 m.

163. (29) Grosse silberne, innen vergoldete, geschweifte Dose mit getriebenem Deckel: Feldlagerszene, Soldaten mit Lagerdirnen sich erlustigend; dazu reiche ornamentale Umrahmung in getriebener Arbeit, deutschen Ursprungs. Mitte d. 18. Jahrh.
Länge 0,145 m, Höhe 0,035 m.

164. (4) Dose in weiss Email auf Kupfer, viereckig, mit reizenden figuralen Malereien. Mitte d. 18. Jahrh.

165. (6) Doppeldose mit weissem Email auf Kupfer, aussen blau-weiss gemustert mit Blumenstücken in den Feldern, inwendig Portrait Friedrich d. Gr. und seiner Gemahlin.
Länge 0,085 m, Breite 0,06 m, Höhe 0,035 m.

166. (10) Muschelartige Dose mit Emailmalerei auf weissem Grunde, inwendig Damenportrait.
Länge 0,08 m.

167. (11) Kleine kreisrunde Dose mit Sternmuster auf weissem Grunde (Email translucide).
Durchmesser 0,04 m.

168. (19) Viereckige, mit vergoldeter Bronce montierte Emaildose mit Vogelszenen, innen ein Liebespaar. Mitte d. 18. Jahrh.
Länge 0,08 m.

169. (5) Porzellandose mit vergoldeter Broncemontierung und figürlichen farbigen Malereien.
Länge 0,07 m, Breite 0,05 m, Höhe 0,02 m.

170. 20. Viereckige Emaildose mit aufgepresstem Spitzenornament und Blumendecor. 18. Jahrh.
Länge 0,111 m.

171. 21. Viereckige Emaildose mit eingeschmolzenem, teilweise emailliertem Golddecor, innen Landschaft im Geschmacke der späten Niederländer. Anfang des 18. Jahrh.
Länge 0,08 m.

172. 2. Dose in Schildpatt mit ornamentaler Goldeinlage auf dem Deckel. In der Mitte Figur der Minerva mit Siegesgöttin. Anfang des 18. Jahrh.

173. 22. Viereckige Emaildose mit aufgelegtem Golddecor auf blauem Fond und figuraler Scene: Mars, eine weibliche Figur krönend.
Länge 0,075 m.

174. 20. Viereckige Emaildose mit figürlichen Darstellungen, Herr und Dame.
Länge 0,075 m.

175. 27. Viereckige Emaildose, blau, die figuralen Beigaben in aufgepressten Silberfolien, datiert 1763: Achmet Effendi Passa, Botschafter der Ottomanischen Pforte an den Königl. Preussischen Hoff. Im Deckel Wappen mit Überschrift: Türkisch Kaiserliches Wappen.
Länge 0,08 m.

176. 13. Dose in Porzellan in Form einer Katze, mit chines. Figürchen bemalt.
Länge 0,05 m.

177. 14. Ovale Dose in Porzellan, Meissener Marke mit Bezeichnung: K. P. M. (Königl. Porzellan-Manufactur), silbermontiert; auf dem Deckel chinesische Malereien.
Länge 0,075 m.

178. 18. Länglich ovale Porzellandose mit Silberbeschläg, Decor in Rot und Gold und figuralen Malereien im Style Bouchers. Im Deckel eine Liebesscene.
Länge 0,095 m.

179. 23. Ovale geschweifte Porzellandose mit vergoldeter Bronze montiert und farbigem Blumendecor.
Länge 0,075 m.

180. 24. Viereckige Porzellandose mit landschaftlichen Malereien auf dem Deckel (letzterer etwas beschädigt).
Länge 0,06 m.

181. 25. Viereckige Porzellandose mit abgeschrägten Ecken, plastischem Ornament und farbigem Blumendecor, innerhalb dessen ein Knabe mit Weinglas.
Länge 0,085 m.

182. 15. Kreisrunde Elfenbeindose mit feinem Miniaturgemälde auf dem Deckel: Schäferin, Blumen zum Kranze flechtend in bergiger Landschaft, ganze Figur mit weissem Ober- und rotem Untergewand (Malerei ganz vorzüglich). Die Dose ist inwendig mit Schildpatt verkleidet. 18. Jahrh.
Durchmesser 0,085 m.

183. 36. Halbrunde und geschweifte Elfenbeindose mit Bauerntanz in Relief auf dem Deckel, Ende des 18. Jahrh.
Länge 0,08 m.

184. 116. Kreisrunde Schildpattdose mit Deckelbild auf Elfenbein: Knabe mit Vogelkäfig. 18. Jahrh.
Durchmesser 0,065 m.

185. 117. Kreisrunde, guillochierte Schildpattdose mit ornamentalen Silbereinlagen (war im Besitze des Fürstbischofes von Bamberg und Würzburg Franz Ludwig von Erttal, laut Authentica). Saargemünder Fabrikat aus dem Ende des 18. Jahrh.
Durchmesser 0,08 m, Höhe 0,04 m.

186. 130. Geschweifte Schildpattdose mit Silber- und Perlmuttereinlagen.
Länge 0,08 m.

187. 131. Ovale Schildpattdose mit Uhr auf dem Deckel, Styl Louis XVI.
Länge 0,09 m.

188. 132. Kreisrunde Schildpattdose mit erotischer Scene auf dem Deckel in Silbereinlage.
Durchmesser 0,06 m.

189. 133. Viereckige Schildpattdose mit eingelegtem Silberornament. 18. Jahrh.
Länge 0,09 m.

190. 134. Runde, abgedrehte Schildpattdose mit Ringmuster, auf dem Deckel aufgelegte Arbeit mit Perlen, Silberflitter etc. unter Glas, Blumenkorb und Festons darstellend, Ende des 18. Jahrh.
Durchmesser 0,075 m.

191. 135. Ovale Schildpattdose mit Reliefportrait einer Monarchin mit Krone, gut geschnitten.
Länge 0,065 m.

192. (44) Viereckige Perlmutterdose mit durchbrochener Zeichnung und Metalleinsatz. 18. Jahrh.
Länge 0,065 m.

193. (45) Kreisrunde Perlmutterdose mit gravierter Zeichnung u. Schildpatteinsatz, Styl Louis XVI.
Durchmesser 0,065 m.

194. (8) Dose in Blutstein mit geätzter Metalleinlage auf dem Deckel. 18. Jahrh.
Länge 0,08 m.

195. (37) Viereckige Achatdose m. vergoldeter Fassung; auf dem Deckel Tierscenen in anderen Steingattungen aufgelegt.
Länge 0,07 m.

196. (38) Ovale Dose in Achat mit aufgelegten Glastrauben.
Länge 0,085 m.

197. (39) Geschweifte Achatdose in rotem Stein, durchsichtig mit Broncemontierung.
Länge 0,08 m.

198. (40) Geschweifte Achatdose in braunem Stein.
Länge 0,085 m.

199. (41) Runde transparente Topasdose (aus einem Stücke gedreht).
Durchmesser 0,065 m.

200. (42) Viereckige Achatdose mit abgeschrägten Ecken in rotgeädertem Stein mit durchsichtigen Streifen.
Länge 0,085 m.

201. (43) Ovale Dose in Breccia-Muschelkalk mit Broncemontierung. Mitte des 18. Jahrh.
Länge 0,085 m.

202. (46) Dose in Malachit mit Silbermontierung. Rand mit ornamentalem Blumengewinde. Sehr schönes Stück, Mitte des 18. Jahrh.
Länge 0,08 m.

203. (9) Runde Dose in Horn, auf dem Deckel Miniatur: Dame in Hut mit Kind und Hund.
Durchmesser 0,08 m, Höhe 0,02 m.

204. (47) Grosse Messingdose, länglich mit gepressten Ornamenten. Auf der einen Seite Friedrich d. Gr., auf der andern Ferdinand, Herzog von Braunschweig; gepresst zur Erinnerung an den Sieg von Minden 1. August 1759. Iserlohner Fabrikat.
Länge 0,145 m.

205. (48) Ähnliche Dose, einerseits mit Pressung: Hirschjagd, oben Ferdinand von Braunschweig-Lüneburg. Zur Erinnerung an den Sieg von Vellinghausen gepresst.
Länge 0,16 m.

206. (49) Ähnliche Dose mit Portrait Friedrichs d. Gr. und dem Epitheton: HEROS, DEFENSOR. GERMANIAE. PATRIAE ET. RELIGIONIS; bez. J. H. Hauer fecit.
Länge 0,175 m.

EDELMETALLE

215. (1) Silbernes getriebenes Gefäss, auf der Leibung Festons. 17. Jahrh.
Höhe 0,185 m.
216. (2) Messer, Gabel und Löffel, Griffe in Silberfiligran, 18. Jahrh.
217. (3) Korkzieher, ornamentiert, in Verschluss.
218. (4) Schale mit getriebenem Rand.
Höhe 0,07 m.
219. (5) Pathenlöffel, rund, mit Figuren im Fond, Engelskopf am Stiel.
220. (6) Getriebenes Relief mit Reitergefecht und gezacktem Rand, 18. Jahrh.
Länge 0,085 m. Breite 0,06 m.
221. (7) Kleine Saucière auf drei Füssen mit Griff, Empire.
222. (8) Zwei Salzschalen auf leicht getriebenem Fusse, 18. Jahrh.
Länge 0,09 m.
223. (9) Zwei dreiteilige Schmuckkästchen auf zierlichem Fusse mit Figürchen, 17. Jahrh.
Höhe 0,10 m.
224. (10) Imitation eines Reliefs mit der Reiterfigur Kaiser Max I.
225. (11) Vier Rosetten in Silberfiligran.
Durchmesser 0,037 m.
226. (12) Sieben Maskerons für kleine Schlüssellöcher, in Silberblech ausgeschlagen.
227. (13) Komplettes Beschläge zu einem Gebetbuche in Silberfiligran, bestehend in je zwei Schliessen samt dazu gehörigen vier Lappen und acht Eckstücken, sehr schöne ornamentale Arbeit.
228. (14) Broche mit kleinem Perlanhängsel aus silbernem, vergoldetem Filigran, mit aufgesetzter Granulier-Arbeit in Form von Trauben. Dazu gehörig zwei Schliessenstücke.

Bronce
und andere Legierungen.

229. 1 Fünf Bronceleuchter, gedreht. Renaissance.
   Höhe verschieden. ca. 0,245 m.
230. 2 Gewundener Zopfleuchter.
231. 3 Kleiner Leuchter mit Schale.
232. 4 Kleine Handglocke in Form einer Dame. 18. Jahrh.
233. 5 Handglocke in Form einer antiken Maske, oben eine Hand als Griff. Empire.
234. 6 Tintenfass in Form eines antiken Dreifusses, auf Löwen stehend. Mit Deckel. Empire.
   Höhe 0,12 m.
235. 7 Serviettring mit Rosenmuster.
   8 Lichtputzschere von Messing mit Madonna auf dem Gehäuse mit Jahreszahl 1645.
   Länge 0,23 m.
236. 10 Detto mit dem Löwen von St. Marco.
   Länge 0,20 m.
237. 30 Detto mit Doppeladler, sehr reich.
   Länge 0,20 m.
238. 21 Bügeleisen mit reich gravierter Hülse in Messing und den Buchstaben P. J. F. M. sowie hülsch gedrehtem Griff.
239. 22 Ornamentierter Mörser mit Stössel. Die Griffe in Form von Delphinen.
   Höhe 0,19 m. Weite 0,18 m.
240. 23 Augsburger Gewichte: der Mantel mit Henkel reich plastisch verziert mit figuralen und ornamentalen Beigaben.
   Höhe 0,16 m. Durchmesser 0,13 m.
241. 24 Detto, kleiner.
   Höhe 0,08 m. Durchmesser 0,10 m.
242. 25 Zwei Kinderbüsten in Bronce: lachendes und weinendes Kind. 18. Jahrh.
243. 26 Zwei Altarvasen in vergoldeter Bronce mit reichen Henkeln.
244. 28 Sigillum sel aus vergoldeter Bronce mit graviertem Doppeladler aus der Zeit Josef II.
   Durchmesser 0,15 m.
245. (10) Geschlagenes Fries-Ornament mit wiederkehrendem Muster im Style Louis XV.
   Länge 0,26 m. Breite 0,08 m.
246. (9) Allegorische Figur mit Scepter, Krone und Lorbeerkranz, gestützt auf einen Schild mit Emblemen des Krieges, der Wissenschaften und Künste. Getriebenes Relief.
   Länge 0,155 m. Breite 0,13 m.
247. (13) Getriebenes Relief in schwarzem Rahmen, niederländische Wirtshausscene darstellend.
   Länge 0,085 m. Breite 0,065 m.
248. (15) Kreisrundes Relief in Blei, vergoldet, in schwarzem Rahmen, eine Sauhatz darstellend. 18. Jahrh.
   Durchmesser ohne Rahmen 0,105 m.
249. (14) Zwei gegossene und nachciselierte Reliefs: Friedrich der Grosse an der Spitze seiner Generale reitend. Im Hintergrund Infanterie in Paradestellung. In schwarzem Rahmen.
   Einzelnes Relief lang 0,08 m, breit 0,07 m.
250. (12) Nippes-Garnitur, bestehend aus Räucherpfännchen, Tintenfass mit Leuchter und Crucifix, alles in geschlagenem Blech, modern. (Dazu gehörig Uhr Nr. 110.)
251. (16) Zwei Rahmen Louis XV. mit Reliefornament.
   Im Lichten hoch 0,19 m, breit 0,14 m.
252. (17) Rahmen mit reliefiertem ornamentalem Rande; Louis XV.
   Im Lichten hoch 0,24 m, breit 0,19 m.
253. (27) Durchbrochene Rokoko-Schüssel in Messingblech.
   Länge 0,20 m. Breite 0,15 m.
254. (11) Römisches Gussgefäss in patinierter Bronce mit Henkel, der oben zweiteilig wird. Auf dem Rande Zicklein. Unten beim Henkelansatz geflügelte Kinderfigur.
   Höhe 0,19 m.

Zinn

255. (14) Grosser Zunftpokal mit bekrönender, schildhaltender Figur. Inschrift: DER LOBLICHEN SCHMIEDEGILDE SCHAVVER IN KÖNIGSLUTTER ANNO 1678. Unten Spruch:
TRINK UND IS, GOTTES UND DER ARMEN NIHT VERGIS. (Siehe Gruppe XV.)
Höhe 0.60 m, grösster Durchmesser 0,18 m.

256. (15) Grosser Zunfthumpen mit schildhaltendem Löwen auf dem Deckel. Am Bauche, von Blumen eingefasst, die Namen der Zünfter, die Jahreszahl 1695 und Insignien des Metzgergewerbes. (Siehe Gruppe XV.)
Höhe 0.58 m.

257. (16) Grosser, glatter Zunfthumpen mit bekrönendem Figürchen und Volutenfüssen. Inschrift: Zünfternamen, datiert 1746.
Höhe 0.43 m.

258. (17) Zunftkanne einer Bäckerinnung; datiert 1690.
Höhe 0.40 m.

259. (18) Kleine Schneppkanne mit Kugelfüssen und Deckel. Am Bauch Müllerwappen, datiert 1762. Am Deckel gepresstes Medaillon mit Reiter.
Höhe 0.35 m.

260. (19) Detto ohne Füsse, geschweifte Form.
Höhe 0.31 m.

261. (20) Gebuckelte Kanne mit Füssen, Henkel und Deckel, auf letzterem Delphin mit Wappenschild.
Höhe 0.35 m.

262. (21) Detto.

263. (22) Glatte Kanne mit Deckel, bezeichnet: *Joh. Martin Vogel 1804*.
Höhe 0.34 m.

264. (23) Detto mit Engelsfüssen und Schild am Deckel, datiert 1748.

265. (24) Detto mit Maskeronfüssen. Am Bauch aufgekittet: Fortuna auf Kugel. Auf dem Deckel: Wappen mit drei Lilien.
Höhe 0.34 m.

266. (32) Einfache Zinnkanne mit Henkel und Schneppdeckel.
Höhe 0.21 m.

267. (33) Hübsche Kanne mit ornamentierten Füssen. Auf dem Deckel weibl. Figürchen mit dreifachem Nürnberger Wappen. 17. Jahrh.
Höhe 0.28 m.

268. (25) bis (30) Geriefte Kannen und Kännchen.
Grösste Höhe 0,28 m, kleinste Höhe 0,17 m.

269. (13) Deckelhumpen mit schönem Medaillon im Deckel, äussere Umschrift: HAUD IMPUNE LACESSOR. Innen: CAROLUS XII. D. G. REX SVECOR.

270. (31) Nach unten verjüngter Deckelkrug mit Henkel und durchbrochenem Fusse, datiert 1670.

271. (34) Sechseckige Kanne mit gravierten Feldern, Schraubenverschluss und Henkel, datiert 1680.
Höhe 0.21 m.

(1 - 9) Zusammengehöriges Service,
bestehend aus:

272. (1) Schale mit Untersatz, schräg gerieft.
Höhe 0.08 m.

273. (2) Kleine, geriefte Kanne mit Deckel, worauf eine Minerva.
Höhe 0.26 m.

274. (3) Kleine, geriefte Schüssel mit Henkeln und Unterteller.
Höhe 0.11 m.

275. (4) Kleine, geriefte Gewürzbüchse mit sieben Einlagen.
Höhe 0.12 m.

276. (5) Detto Schale.
Höhe 0.08 m.

277. (6) Grosse Suppenschüssel mit Untersatz.
Länge 0.25 m, Höhe 0.25 m.

278. (7) ½ Dutzend Teller mit geschweiftem Rande.

279. (8) Untersatz mit Henkel und geschweiftem Rande.

280. (9) Untersatzteller mit Jagd.
Durchmesser 0.25 m.

281. (10) Grosse, runde Zinnschüssel mit Inschrift: JOS. PROLICH, LAD. M. S. CHRISTIAN FRIEDRICH WÖBER ALT-GESELL, 1780.
Durchmesser 0.38 m.

282. (11) Gravierte Zinnschüssel mit flachem Profil.
Durchmesser 0.40 m.

283. (12) Detto mit getriebenem Rande, datiert 1604.
Durchmesser 0.40 m. (Siehe Gruppe XV.)

Eisen

284. 1 Grosse Eisenkasse mit aufgelegter getriebener Rosette und Eckverstärkungen, sowie sehr kunstvollem Schlosse mit mehrfacher Riegelstellung. 17. Jahrh.
Länge 0,95 m, Höhe 0,60 m, Tiefe 0,50 m.

285. 2 Kleine geätzte Kassette mit Ornamenten im Style von Daniel Hopfer.
Länge 0,11 m, Höhe 0,07 m, Tiefe 0,07 m.

286. 3 Geätzte Kassette, ähnlich der vorigen mit Portraitmedaillons-Fratzen.
Länge 0,14 m, Höhe 0,08 m, Tiefe 0,09 m.

287. 4 Ähnliche Kassette mit durchbrochenem vergoldetem Deckel, auf den Flächen allerlei Tierfiguren.
Länge 0,85 m, Höhe 0,05 m, Tiefe 0,05 m.

288. 5 Gotisches Thürschloss ohne Zierat.
Länge 0,28 m.

289. (6) Suite von fünf Renaissanceschlössern z. T. mit gravierten und geätzten Ornamenten. 16. und 17. Jahrh.

290. (7) Drei Barockschlösser, geätzt und mit blau angelaufenem Grunde.

291. (8) Zwei Barockschlösser mit durchbrochener Messingverzierung und blau angelaufenem Grunde.

292. (11) dazu gehörig: zwei Thürbänder, Griff und Schlüsselblech, Schrauben und Thürangeln.

293. (9) Vier Thürbänder, hübsch geätzt, Ende des 16. Jahrh.

294. (10) Zwei eiserne Nussschlösser.

295. (11) Suite von 23 verschiedenen Schlüsseln, z. T. mit durchbrochenem Griff und Bart.

296. (13) Thürgriff in Kunstschmiedearbeit.

Waffen

297. (1—7) Degen mit zum Teil eisernen, zum Teil messingenen Stichblättern. 18. Jahrh.

298. (8) u. (9) Espontons. 18. Jahrh.

299. (10) Damascinierte Lanzenspitze.

300. (11) und (12) Percussionspistolen.

301. (14) Jagdmesser mit Besteck in messingbeschlagenem Gefäss. 17. Jahrh.

302. (15) und (16) Hirschfänger.

303. (17) Kugelbüchse mit Percussionsfeuer und Pulverhorn.

304. (18) Steinschleuder mit Elfenbein eingelegt.

305. (19) Entenflinte mit geschnitten. Feuersteinschloss.

306. (20) Fünf Hallparten und Spiesse.

307. (21) Krummer Säbel aus der Zeit Napoleons I.

308. (22) Galanteriedegen mit bemaltem Porzellangriff und vergoldetem Broncebügel und Scheide. Gutes Stück.

309. (23) Galanteriesdegen mit bemaltem Griff und Eisengehäuse.

310. (24) Sehr schöner Degen mit durchbrochener geschnittener Eisenarbeit und stellenweiser Vergoldung. Stichblatt, Griff und Knauf ornamental reizend. Sehr gutes Stück.

311. (25) Galanteriedegen mit silbernem geschweiftem Griffe.

312. (26) Geflammter Dolch mit gegossener Messingmontierung auf dem massiven Horngriffe. Deutsche Arbeit.
    Länge 0,26 m.

Münzen & Medaillen

No. 313 a.

Eine Suite von 28 Medaillen aus Bronce, alle von gleicher Grösse (0,041), auf Napoleon I., sämtliche von vorzüglichem Prägung und alle tadellos erhalten. Die ganze Gruppe ist unter eine Nummer 313 (1) zusammengefasst, da sie ein unteilbares Ganzes bildet. Die Reihenfolge ist die historische. R¹ R² R³ bedeutet: Rarität ersten, zweiten, dritten Ranges. Die Serie beginnt mit:

313   1   a) Zur Erinnerung an die Schlacht von Lodi. R²
Avers: Brücke von Lodi mit den heranstürmenden französischen Truppen, an deren Spitze Bonaparte die Fahne trägt.
Umschrift: PASSAGE DU PO DE L'ADDA ET DU MINCIO. AN 4 REP.
Im Rande: J. S. F. (Josef Salzwirk F.)
Revers: A
L'ARMEE D'ITALIE
LA PATRIE
RECONNAISSANTE.

LOI DU XXIV
PRAIRIAL
AN IVᵐᵉ REP.
Randschrift: BONAPARTE GENERAL EN CHEF.

b) Zur Erinnerung an die Übergabe von Mantua (in Paris geprägt). R²
Avers: Römischer Krieger in voller Rüstung, von einer weiblichen Figur einen Schlüssel in Empfang nehmend. Rückwärts sichtbar ein Aquaeductus.
Umschrift: REDDITION DE MANTOUE.
Bezeichnet: LAVY.
Revers: In Lorbeerkranz die Worte:
A L'ARMEE D'ITALIE
VICTORIEUSE
LOI
DU XXIV PLUVIOSE
AN Vᵐᵉ R.

c) Medaille auf den Frieden von Luneville. R²
Avers: Weibliche Figur in antiker Tracht, in der Linken ein Füllhorn, in der Rechten einen Ölzweig haltend.
Randschrift: PAIX DE LUNEVILLE.
Unten: LE XX PLUVIOSE AN IX.
Bezeichnet: ANDRIEU F.
Revers: Bildnis Napoleons in Uniform von der rechten Seite.
Umschrift: BONAPARTE PREMIER CONSUL DE LA REPUBLIQUE FRANᶜᵃⁱˢᵉ.
Bezeichnet: (am Arme) ANDRIEU F.

d) Medaille der Stadt Marseille auf Bonaparte (bei Errichtung der Ehrensäule geschlagen). R²
Avers: Porträt Bonapartes von der rechten Seite in Uniform (Bruststück).
Umschrift: AU CONSUL BONAPARTE VAINQʳ PACIFᵉ MARSEILLE RECONNAISSANTE.
Unten: CAMBACERES ET LE BRUN IIᵉ ET IIIᵉ CONSULS.
CHAPTAL, MINʳᵉ DE L'INTʳ
Bezeichnet: (am Arme) POIZE F.
Revers: Römische Siegessäule mit Büste Nap.
Umschrift: AN DIX DE LA REPUBLIQUE
FRANÇAISE.
ERIGE PAR LES SOINS DE CHARLES
DELACROIX.
PREFᵗ DU DEPᵗ

5 Bezieht sich auf den Vertragsbruch seitens Englands und den Einzug der Franzosen in Hannover. R⁵
Avers: Ein Leopard, der eine Pergamentrolle zerreisst.
Umschrift: LE TRAITÉ D'AMIENS ROMPU PAR L'ANGLETERRE EN MAI L'AN MDCCCIII.
Bezeichnet: DENON DIREXIT, JEUFFROY FECIT.
Revers: Geflügelte Siegesgöttin mit Lorbeerkranz, auf galloppierendem Pferde.
Umschrift: L'HANOVRE OCCUPÉ PAR L'ARMÉE FRANÇAISE EN JUIN DE L'AN MDCCCIII.
Unten die Bemerkung: FRAPPÉE AVEC L'ARGENT DES MINES D'HANOVRE L'AN IV DE BONAPARTE.

6 Zur Erinnerung an die Gründung der Savoyischen Bergakademie.
Avers: Napoleon mit Lorbeerkranz von der rechten Seite.
Umschrift: NAPOLÉON EMPEREUR.
Bezeichnet: DENON. DIR. ANDRIEU F.
Revers: Kauernder nackter Berggeist mit mächtigem Bart, unten kleine Figuren, welche das Terrain anschürfen.
Unterschrift: ECOLE DES MINES DU MONTBLANC.
(Ohne Jahreszahl.)

7 Erbauung der Landungs-Flotte betreffend. R⁵
Avers: Belorbeerte Büste Napoleons von der rechten Seite mit Umschrift:
NAPOLÉON EMPEREUR.
Bezeichnet: DENON DIR. J. P. DROZ. F.
Revers: Nackter Athlet (Frankreich), einen Tiger (England) erdrosselnd.
Umschrift: EN L'AN XII 2000 BARQUES SONT CONSTRUITES.
Bezeichnet: DENON DIREXIT MDCCCIV.

8 Zur Erinnerung an die Verteilung des Kreuzes der Ehrenlegion in Boulogne. R⁵
Avers: Napoleon mit Siegeslorbeer geschmückt verteilt an seine Soldaten Ehrenzeichen. Hinter ihm Figuren mit einem Teller voller Ehrenzeichen.
Umschrift: HONNEUR LEGIONNAIRE AUX BRAVES DE L'ARMÉE.
Unter der Darstellung: A BOULOGNE LE XXVIII THERM. AN XII XXI AOUT MDCCCIV.
Bezeichnet: DENON D. JEUFFROY F.
Revers: Im Halbkreise Plan der Armeeaufstellung mit Unterschrift:

SERMENT DE L'ARMÉE D'ANGLETERRE A L'EMPEREUR NAPOLÉON.
Darunter: Bezeichnung der einzelnen Corps. 1 CAVALLERIE, 2 INFANTERIE, 3 GENERAUX. 4 DRAPEAUX, 5 LEGIONNAIRES, 6 GARDES DE L'EMPEREUR. 7 MUSICIENS ET TROUPES 8 L⁵ M⁵⁵ D⁵ C⁵ 9. E⁵ M⁵⁵ G⁵⁵. 10. LE TRÔNE.
Bezeichnet: JALEY F. („Salvy" gibt die „Reiche'sche Münzsammlung an.)

9 Medaille auf die Kaiserkrönung 1804. R⁵
Avers: Napoleon im Krönungsornat, von Reisigen mit Helmen auf den Schild gehoben. Links eine Kanone, rechts eine Hydra, welche Dolche ausspeit.
Umschrift: BONTÉ DE TITUS, SAGESSE DE M. AURELE, GENIE DE CHARLE M.
Unten: AU NOM DU PLUS GRAND DES HEROS FREMIT L'HYDRE BRITTANNIQUE.
Bezeichnet: MERLIN F.
Revers: NAPOLÉON BONAPARTE
LE TRÈS GLORIEUX
LE TRÈS AUGUSTE EMPEREUR
SE TAIT SACRÉE CELEBRÉE
A PARIS PAR PIE VII
SOUVERAIN PONTIFE.
Das ganze umschlossen von einem grossen Lorbeerkranz.
Umschrift: II DECEMBRE MDCCCIV.

10 Medaille auf die Krönung in Mailand. R⁵
Avers: Napoleon mit Lorbeerkranz.
Umschrift: NAPOLÉON EMPEREUR.
Unter Brustbild: DENON DIR. ANDRIEU FEC.
Revers: Longobardische eiserne Krone mit Heiligenfiguren und Inschrift:
AGILULFUS. GRATIA. DEI. GLORIOSUS. REX.
Umschrift: NAPOLÉON ROI D'ITALIE.
Unterschrift: COURONNE A MILAN LE XXIII MAI M.D.CCCV.
Bezeichnet: DENON D⁵ JALEY F⁵

11 In Mailand geschlagene Medaille zu Ehren Napoleons. R⁵
Avers: Porträt Napoleons von der linken Seite (wundervoller Kopf) mit der longobardischen Krone.
Am Halse: L. M.
Umschrift: NAPOLEONE RE D'ITALIA.
Unten: LA ZECCA DI MILANO. MAGGIO M.D.CCCV.

Revers: In der Mitte ein grosser Schild mit dem Wappen von Mailand, diagonal dazu gestellt 4 kleinere Schilde mit den Wappen von Venedig, dem Kirchenstaat, Modena, Novarra mit Veltlin.
Umschrift: DIVENUTE COMPAGNE NEL'ORDINE NELLA FEDE NELLA PROSPERITA. Dunkel patinierte Bronce.

Auf die Aufhebung des Lagers von Boulogne und Eröffnung des Feldzuges gegen Österreich. R
Avers: Napoleon mit Lorbeerkranz von der rechten Seite.
Unten am Halse: DROZ F.; unten DENON DIR.
Umschrift: NAPOLÉON EMPEREUR.
Revers: Adler vor Thron, auf welchem Mantel und Szepter, darüber in der Luft ein Blitzbündel.
Oben: L'EMPEREUR COMMANDE LA GRANDE ARMÉE.
Unten: LEVÉ DU CAMP DE BOULOGNE LE XXIV AOUT M.D.CCC.V.
PASSAGE DU RHIN LE XXV SEP^{BRE}
MDCCCV.
Bezeichnet: BRENET F. DENON D.

Zur Eröffnung des Feldzuges von 1805. Übergang über den Lech. R
Avers: Napoleon mit Lorbeerkranz von der rechten Seite.
Unten am Halse: DROZ FECIT.
Revers: Antiker Imperator zu Pferde, dem auf einer Brücke (Lechbrücke) die Cohorten mit ausgestreckter Rechter entgegenkommen. Unter der Brücke ein Flussgott, über den Gruppen eine fliegende Victoria.
Unter oben: ALLOCUTION A L'ARMÉE.
L'ARMÉE FAIT SERMENT DE VAINCRE XII OCTOBRE MDCCCV.
Unten: DENON DIREX.

12 Medaille auf den Frieden von Pressburg. R
Avers: Grosser Kopf Napoleons mit Lorbeerkranz, von der rechten Seite.
Unten am Halse: DROZ FECIT.
Umschrift: NAPOLÉON EMPEREUR.
Und auf dem Ende: DENON DIREX.
M.D.CCC.V.
Revers: Antiker Tempel des Janus Quadrifrons geschlossen mit Attika, ohne Giebel.
Auf oben Angesicht: TEMPLUM JANI.
Unten: PAIN DE PRESSBOURG
M.D.CCC.V.
Bezeichnet: ANDRIEU F. DENON D.

13 Medaille auf das in der Stefanskirche gesungene Te Deum beim Friedensschlusse. R
Avers: Napoleon mit Lorbeerkranz von der rechten Seite.
Unten am Halse: ANDRIEU F.
Umschrift: NAPOLÉON EMPEREUR.
Revers: Stefansdom in Wien.
Umschrift: ACTIONS DE GRACE POUR LA PAIX.
Unten: ORDONNÉES A VIENNE
PAR L'EMPEREUR NAPOLÉON
LE XXVIII DÉCEMBRE
M.D.CCC.V.

14 Auf die Verbindung von Stefanie Napoleon mit Prinz Ludwig v. Baden. R
Avers: Napoleon mit Lorbeerkranz von der rechten Seite.
Unten am Halse: ANDRIEU F.
Umschrift: NAPOLÉON EMPEREUR.
Revers: Ein Jüngling und eine Jungfrau in antikem Gewand, sich die Hände reichend.
oben: ein N im Strahlenkranz.
Umschrift: | links: STEFANIE NAPOLEON
         | Rechts: C. F. LOUIS DE BADE
Unten: ALLIANCE.
Bezeichnet: ANDRIEU F. M.D.CCC.V. DENON D^t.

15 Medaille auf die Errichtung des Rheinbundes. R
Avers: Napoleon mit Lorbeerkranz von der rechten Seite.
Bezeichnet: ANDRIEU F^t. DENON DIR^t.
Umschrift: NAPOLÉON EMPEREUR.
Revers: Vierzehn Ritter in mittelalterlicher Rüstung (in der Mitte der Erzkanzler Fürst Primas) mit den Wappen Bayerns, Württembergs etc., auf die Fasces den Schwur ablegend.
Unten: CONFÉDÉRATION
DU RHIN
MDCCCVI.
Bezeichnet: BRENET F. F. DENON D.

16 Auf den Sieg von Jena. R
Avers: Napoleon mit Lorbeerkranz von der rechten Seite.
Umschrift: NAPOLIO. IMPERATOR. REX.
Bezeichnet: ANDRIEU F.
Revers: Antiker Reiter, Imperator mit Lorbeerkranz, Feinde mit Blitzbündeln zu Boden schmetternd, über ihm fliegender Adler.
Umschrift: BORUSSI DIDICERE NUPER.
Unterschrift: EXERCITU AD JENAM.
DELETO. XIV. OCTOBR.
M. D. CCC.VI.
Bezeichnet: ANDRIEU F.

19) Medaille auf die Schlacht bei Jena (in Mailand geprägt). R⁺
Avers: Napoleon mit der eisernen Krone, über dieser Lorbeerkranz, von der rechten Seite.
Bezeichnet: M. D.
Umschrift: NAPOLEO. GALL. IMP. ITAL. REX. GERM. RUTH. BORUSSICUS.
Unten: MEDIOLANI
MDCCCVI.
Revers: Blitzschleudernder Zeus mit Adler.
Umschrift: SAXONIA LIBERATA BORUSSIS DELETIS JENAE. (Dunkel patiniert.)

20) Medaille auf die Schlacht von Eylau. R⁺
Avers: Napoleon mit Lorbeerkranz von der rechten Seite.
Bezeichnet: ANDRIEU F.
Umschrift: NAPOLÉON EMPEREUR ET ROI.
Revers: Napoleon, ganze Figur, nackt (als Diomedes) auf einer Trophäe sitzend, in der vorgestreckten Linken eine Nike, in der Rechten das gezückte Schwert.
Ober dem: VICTORIAE MANENTI.
Unten: BATAILLE DE PREUSS. EYLAU
VIII FEVRIER MDCCCVII.
Bezeichnet: BRENET FEC.

21) Auf den Frieden von Tilsit. R⁺
Avers: Die Reliefköpfe der drei Monarchen in einer Reihe, links Napoleon, Mitte Alexander I., rechts Friedrich Wilhelm III., die beiden ersten mit Lorbeerkranz.
Bezeichnet: ANDRIEU F. DENON DIR⁺
Revers: Liegender Flussgott, bezeichnet als Niemen, hält einen Pavillon (in welchem die Monarchen zusammen kommen).
Unten: PAIX DE TILSIT.
M. D. CCC VII.
Bezeichnet: ANDRIEU F. DROZ F.

22) Medaille auf die Erbauung der Simplon-Strasse. R⁺
Avers: Napoleon mit Lorbeerkranz von der rechten Seite.
Bezeichnet: ANDRIEU F.
Umschrift: NAPOLÉON EMPEREUR ET ROI (belorbeerter Kopf von der rechten Seite.
Revers: Sitzender nackter Greis von kolossaler Muskulatur, die Arme auf Felsklötze gestützt, über welche sich eine Strasse hinzieht. Auf dieser, ganzklein, Militärkolonnen. Mit Jahreszahl: M. D. CCCVII.
Unten: SIMPLON.

23) Medaille auf die Schlachten von Arensberg und Eckmühl. R⁺
Avers: Napoleon als antiker Imperator, ganze Figur, beide Hände ausgestreckt. Rechts und links colossale Trophäen.
Unten Inschrift: BATAILLES DU XX ET XXII AVRIL. MDCCCIX.
XL. M PRISONNIERS.
Bezeichnet: DENON D. BRENET F.
Revers: Tempel des Janus Quadrifrons mit eingeschlagener Thüre.
Unten Inschrift: TRAITÉ DE PRESSBOURG
ROMPU PAR L'AUTRICHE
IX AVRIL MDCCCIX.
Bezeichnet: ANDRIEU F. DENON DIR.

24) Medaille auf die Schlacht bei Esslingen. R⁺
Avers: Flussgott, eine Brücke, auf welcher ein Geschütz steht, zertrümmernd.
Ober Inschrift: DANUVIUS PONTEM INDIGNATUS.
Unten: PROELIUM AD ESLINGAM
XXII. MAII MDCCCIX.
Revers: Infanterie und Reiterei auf Brücke einen Fluss überschreitend, über ihnen fliegende Siegesgöttin.
Umschrift: ITERUM IBIDEM.
Unten: TRAJECTUS. V. JULII MDCCCIX.
Bezeichnet: BRENET F. DENON D.

25) Medaille auf die Vereinigung der römischen Staaten mit Frankreich. R⁺
Avers: Napoleon mit Lorbeerkranz.
Umschrift: NAPOLÉON EMP. ET ROI.
Bezeichnet: ANDRIEU F.
Revers: Liegender Flussgott (Tiber) mit Füllhorn, links die römische Wölfin mit Romulus und Remus, dahinter Berg, über welchem ein fliegender Adler mit dem Donnerkeile.
Unten Inschrift: AQUILA REDUX
M. D. CCC IX.
Bezeichnet: ANDRIEU F. DENON D.

26) Medaille auf die Vermählung mit der Erzherzogin Marie Louise von Österreich. (In Paris geprägt.) R⁺
Avers: Napoleon mit Lorbeerkranz, daneben seine Gemahlin mit Diadem. «Klassische Modellierung.»
Bezeichnet: ANDRIEU F. DENON D.

Revers: Napoleon als römischer Imperator, ganze Figur in antikem Kostüm mit Lorbeerkranz, seiner Braut vor antikem Altar die Hand reichend.
Umschrift: NAPOLEON EMP. ET ROI M. LOUISE D'AUTRICHE.
unten: 1. AVRIL. MDCCCX.
Av. sig.: DENON D.
Rev. sig. im Arm: JOUANNIN F.

(27) **Medaille auf die Schlacht von Lützen.** R
Avers: Napoleon in Uniform, nach rechts sehend, mit Epauletten, hohes Relief, über dem Kopfe Lorbeerkranz.
Umschrift: NAPOLEON EMP. ET ROI.
Av. sig.: DENON D. DEPAULIS F.
Revers: Fliehende preussische Reiter, vorne ein Kosak.
Umschrift im Abschnitt: BATAILLE DE LÜTZEN. II. MAI MDCCCXIII.
Rev. sig.: BRENET F.

(28) **Auf die Rückkehr von Elba.** R
Avers: Napoleon mit untergeschlagenen Armen, Volk und Truppen eilen ihm entgegen.
Umschrift im Abschnitt: RETOUR DE L'EMPEREUR MARS MDCCCXV.
Rev. sig.: DENON DIR. ANDRIEU F.
Revers: Adler in den Lüften über dem Meere schwebend, im Schnabel das Zeichen der Ehrenlegion haltend, in der Ferne Elba.
unten: XXVI FEVRIER MDCCCXV.
Rev. sig.: BREN. F. DEN. D.

Medaille in Bronce.
Avers: Männliches Brustbild in Rüstung.
Umschrift: CAROLUS FÜRST VON LOTRINGEN
Revers: Darstellung eines Flussüberganges auf einer Schiffbrücke, dazu Spruchband mit Umschrift:
DIE ÜBERFAHRT DES RHEIN.
unten: 1744.

Spottmedaille in Bronce.
Avers: Mitte nackte weibliche Figur, rechts männliche Figur im Kostüm Louis XV. mit Mantel, im Begriffe, die Kleidung des Weibes wegzutragen. Davon ausgehend Spruchband mit Inschrift:
J'AI GAGNÉ.

Links Cardinalsfigur.
Umschrift: DIE ENTBLÖSSTE KÖNIGIN VON UNGARN
Darunter Jahreszahl: MDCCXLII.
Revers: Gruppe von drei Figuren, links männliche Figur im Krönungsmantel, der eine Krone vom Haupte fällt, rechts weibliche Figur mit Krone, im Begriffe, ein männliches Beinkleid anzuziehen. Davon ausgehend Spruchband mit Inschrift:
VOUS AVES PERDU.
Dahinter eine Dienerin.
Umschrift: DIE KÖNIGIN VON UNGERN, ZIEHT EIN BEJERISCHE HOSE; AN.
Unter der Darstellung die Jahreszahl: MDCCXLIII.
(Bezieht sich auf den bayr. Erbfolgekrieg.)

316. (4) **Medaille in Bronce.**
Avers: Reiterfigur mit gezücktem Schwert, im Hintergrunde eine befestigte Stadt.
Umschrift: FRIEDERICH DER GROSSE HELD.
unten: AUG. XXV 1768.
Revers: Reitergefecht mit Stadt im Hintergrunde.
Randschrift oben: 33000.
Umschrift: HAT DIE RUSSEN GEJAGET AUS DEM FELD.
unten: BEJ CÜSTRIN.

317. (7) **Grosse silberne Medaille.**
Avers: Männliches Brustbild in Harnisch und Hermelinmantel.
Umschrift: CARL. WILH. FRID. MARCH. BRAND. DUX. PR. BURG. NOR.
Unter Brustbild: VESTNER F.
Revers: Stadtbild, im Hintergrunde Höhenzug und aufgehende Sonne.
Umschrift: NOVA LUMINA SPARGIT.
unten: REGIMEN SUSCEPIT XII MAJ MDCCXXVIII.
R. sig.: VESTNER JUN. F.

318. (8) **Medaille in Bronce.**
Avers: Männliches Brustbild im Kostüme des 17. Jahrh.
Umschrift: GEORG PH. HARSDÖRFER STIFTER D. PEGNESICHEN BLUMENORDENS. 1644.
Revers: Kranz mit aufgelegten drei Wappen der Stadt Nürnberg und Blumenorden mit Band.
In der im Kranz: ZUR FEIER DES 200JÄHRIGEN BESTEHENS 1844.

319. (13) Medaille in Silber.
Avers: Männliches Brustbild in Harnisch und Hermelin.
Umschrift: CAROLUS WILH. FRID. D. G. M. B. D. P. & S. B. N. C. S.
Gezeichnet: GOZINGER.
Revers: Reiterfigur auf der Reiherbeize in Landschaft, im Hintergrunde Reiter mit Trompeten und Pauken.
Darüber: OBLECTAMENTA PRINCIPIS.

320. (17) Medaille in Silber.
Avers: Reiterfigur in Harnisch mit Feldherrnstab.
Umschrift: ALEXANDER, D. G. M. B. D. B & S. R. N. CIRC. FRANC. CAPITANEUS.
Darunter Jahreszahl: MDCCLXV.
Bezeichnet: SCHWABACH.
Revers: Wappenschild, von Trophäen umgeben, darüber gekrönter Adler mit Überschrift:
SECURITATI PUBLICAE.
Unter dem Wappen: GOTZINGER F.

321. (22) Medaille in Silber auf den Tod der Kinder Ludwig XVI. R°
Avers: Doppelportrait: vorn Knabe mit langem Haupthaar, dahinter Mädchenkopf.
Umschrift: LOUIS CHARLES ET MARIE THERESE CHARLOTTE,
In zweiten Kreis: ENFANT DE LOUIS SEIZE.
Bezeichnet: LOOS.
Revers: Faltiger, gerade nieder hängender Vorhang mit Unterschrift:
QUAND SERA-T-ELLE LEVÉE?

322. (29) Silberne Portraitmedaille.
Avers: Gustav Adolf, en face gesehen, auf reicher Cartouche, in deren Ecken das Datum 1631.
Umschrift: GUST. ADOLPH, D. G. SUEC. GOT. VAD. R. M. PRIC FILAD: DVX. ET HO: ET CARELLE IGRLE. L.
Revers: Sanct Michael mit Kreuzesschild und Schwert, auf überwundenen Dämonen stehend, auf welche r. u. l. Donnerkeile herabzucken. Doppelte Umschrift:
Äusserer Kreis: MILES. EGO. CHRISTI. CHRO. DUCE STERNO TYRANNOS · PARCERE CHRISTICOLIS ME DEBELLARE FEROCES,
Innerer Kreis: HERETICOS SIMUL ET CALCO MEIS PEDIBUS PAPICOLAS CHRIST, DUX ME, EN ANIMAT.
Durchmesser 0,055 m.

323. (44) Goldene Gedächtnismünze auf die Vereinigung von Franken mit Bayern.
Avers: Zwei weibliche Figuren in antikem Gewand mit den Wappenschildern Bayerns und Frankens, sich die Hand reichend. Zwischen ihnen Palmstamm, dessen Krone sich über ihnen ausbreitet.
Umschrift: CONCORDIA IN C PROSPERA I IS MAT.
Unter: NOVA SPES FRANCONUM.
Revers: In Kranz Inschrift:
SENATUS
POPULUSQUE
BAMBERGENSIS
IN REUNIONEM.
FRANCONIE CUM
BAVARIA.

324. (5) Denkmünze aus Zinn zur Erinnerung der Hungersnot 1772.
Avers: Wage mit Überschrift:
PSA. 34. 11 V.
Umschrift: DIE REICHEN MÜSSEN DARBEN UND HUNGERN.
Unter: FEIN ZINN. DANTES.
Revers: Inschrift:
1742
DAS ERST VIERTEL
JAHR
DA WAR DIE THEURUNG SO GROSZ
DAS VIELE 1000 FÜR
HUNGER
VERSCHMACHTETEN
DAS PFD. BROD KO. 12 K.
IN SAXEN 18 PF.
Darunter: JOHANN CH. REICH IN FÜRTH.

325. (9) Silbermünze mit Ring.
Avers: Brustbild in Harnisch und grosser Allongeperrücke.
Umschrift: MAX EMANUEL D. G. V. B & P. S. D. C. P. R. S. R. I. A. D. & E. L. L.
Revers: Madonna mit Kind und Scepter und bayerischem Wappen.
Umschrift: CLYPEUS OMNIBUS IN TE SPERANTIBUS. 1694.

326. (10) Silbermünze.
Avers: Brustbild in Harnisch mit Lorbeerkranz.
Umschrift: IMP. CAES. FERD: III. P. F. CER: HVN: BOH. REX.
Revers: Ansicht und Wappenfigur der Stadt Augsburg. Darüber Engelskopf.
Umschrift: AUGUSTA VINDELICORUM.
Im Ornament die Zahl 1641.

11. Silbermünze mit Ring zum Anhängen.
Avers: Männliches Brustbild in reichem Costum.
Umschrift: AD. FRI. D.G. EP. BAMB. ET WIR. S. R. I. PR. PR. OR. DUX.
Revers: Bischöfliches Wappen von Löwen gehalten. Darunter in Cartouche W.
Umschrift: 10 EINE FEINE MARCK. 1765.

12. Silberner Thaler.
Avers: Brustbild eines Fürsten mit Barett und Schaupe. Umschrift in Majuskeln, von vier Wappen unterbrochen:
HEIN. D. G. R. BRUNS. — E. LVN.
Revers: Wilder Mann mit Baumstamm in der Rechten und doppelter Umschrift:
IN. GOTS. GWALT. HAB. I. GSTAL.
DI. H. GF D.V. M. G. N.
Zwischen den Füssen des Mannes die Zahl 52.

13. Silbermünze.
Avers: Männliches Brustbild mit Umschrift: FRANC. LUDOV. D. G. EP. BAMB. ET WÜRZ. S. R. I. PR. FR. OR. DUX.
Revers: Allegorie: Putte mit Kranz, Füllhorn und Globus und Überschrift:
MERCES LABORUM.
Unten: V EINE FEINE MARCK.
Mit Jahreszahl 1786 und Bezeichnung M. P.

19. Silbermünze mit Anhänge-Ring.
Avers: Brustbild mit Allongeperrücke und Lorbeerkranz.
Umschrift: LEOPOLDUS. D. G. RO. I. S. AUG. GER. HU. BO. REX.
Zwischen der Schrift kleines Wappen und Madonna auf Mondsichel.
Revers: Reichsdoppeladler mit Krone.
Umschrift: ARCHID. AUS. DUX. BUR. MAR. MOR. CA. TY. 1691.

20. Silberner Georgsthaler.
Avers: St. Georg zu Pferde in Helm und Harnisch, einen Drachen tötend.
Umschrift: S. GEORGIUS EQUITUM PATRONUS.
Revers: Schiff auf Wellen mit geblähtem Segel. Im Schiff Christus mit zwei Aposteln.
Umschrift: IN TEMPESTATE SECURITAS.

19. Gegossene silberne und vergoldete Schaumünze mit Ring und silbernem Anhänger.
Avers: Zwei männliche Figuren, die linke mit Krone und Leier.
Umschrift: JONATHAN CONSOLATUR, DAVID I. REGUM. DICIMO. TERTIO XIII. XXXVII.
Revers: Darstellung von David und Goliath.
Umschrift: DAVID ...... CUSSIT GOLIATH. PHILISTEUM. PRIMUS. REGUM XVII.

222. 11 Silberthaler.
Avers: Porträt Friedrich d. Gr.
Umschrift: FRIDERICUS BORUSSORUM REX, 1759.
Revers mit Inschrift:
NÜRNBERG
UND FRANKFURT
WILL ICHS DENKEN
BAYREUTH
UND ANSPACH WILL ICHS
SCHENKEN.
BAMBERG UND WÜRTZBURG
WILL ICHS WEISEN
DASS ICH BIN DER
KÖNIG IN
PREUSSEN.

234. 18 Österreichischer Gold-Dukaten mit Anhänge-Ring.
Avers: Männlicher Kopf mit Kranz.
Umschrift: CAR. VI. D. G. R. I. S. A. GE. HI. B. REX.
Revers: Doppeladler mit Krone.
Umschrift: ARCHID. AUST. DUX. BO. COM. TYROL. 1740.

235. 20 Goldmünze zum Anhängen.
Avers: Weibliche Figur vor einem Christus am Kreuz kniend. Im Hintergrunde Landschaft mit Stadt und Schloss. Doppelte Umschrift:
JESU DU SOHN DAVID ERBARME DICH MEIN.
LAS DIR AN MEINER GNADE GENÜGEN.
Revers: Zur Sonne aufsteigender Adler, über den eine Hand aus den Wolken eine Krone hält.
Umschrift: CORONAMEN DECORANS SERVATUR CONFERT ET SERVAT.
Unten: NON EST MORTALE QUOD OPTO.

236. 23 Goldmünze.
Avers: Figur eines Papstes mit Tiara und Pedum, in der Rechten zwei Schlüssel.
Umschrift: THESAUROS DIVINAE MISERICORDIAE OMNIBUS APERUIMUS.
In der Nähe: EX BULLA JUBILAEI EXTENSI 1826.
Revers unten: NEUS F.

Revers: Petrus mit zwei Schlüsseln.
Umschrift: EX SUPREMA LIGANTI ATQUE SOL-
VENTI-POTESTATE.
Unten: MATH. 16. V. 19.

337. (24) Grosse Goldmünze.
Avers: Brustbild Karls VII. mit dem Orden
des goldenen Vliesses und Lorbeerkranz.
Umschrift: CAROLUS VII. D. G. ROM. IMP. S. A.
Revers: Abbildung der Stadt Augsburg mit
vielen Türmen, darüber in Wolken ein Vor-
sehungsauge und Überschrift:
AUGUSTA VINDELICORUM.
Unten Jahreszahl: MDCCXLIV.

338. (25) Kleine russische Goldmünze.
Avers: Brustbild Katharina II. mit Umschrift
in cyrillischen Lettern: ЕКАТЕРИНА ИМП

Revers: und Umschrift: МО. ІТНИЯ
1777.

339. (26) Goldener Georgsthaler mit Ring zum An-
hängen.
Avers: St. Georg zu Pferde mit Helm und
Harnisch, einen Drachen mit Lanze tötend.
Überschrift: S. GEORGIUS EQUITUM PATRONUS.
Revers: Schiff mit weitgeblähtem Segel auf
sturmbewegtem Meere; darin Christus und
vier Seeleute, links oben Sturmwolken und
Überschrift:
IN TEMPESTATE SECURITAS.

340. (27) Goldene Schaumünze zum Anhängen.
Avers: Männliche und weibliche Figur in
antikem Gewand, über einem antiken Altar
sich die Hand reichend.
Überschrift: EX DEXTRA FIDESQUE.
Revers: Zwei Palmbäume, durch einen Liebes-
knoten verbunden, auf dem Stamme
links: C H *rechts*: C H
A   A
R V   R
S   A
Überschrift: CRESCENT ILLAE CRESCETIS
AMORES.

341. (28) Goldene Gedächtnismünze zum Anhängen.
Avers: Brustbild mit Umschrift:
CHRISTIANUS MAR. BRAND. DUX. MAGD.
PRUSS. STET. POMER.
Revers: Gerade Inschrift:

NAT.
COLONIAE AD
SUEVUM 30 JAN
1581 DENATUS
BARUTH 30 MAI
1655 A° REGIMIN.
52 .E° 74 ET 4
MENS.
Umschrift: CAS. VAND. IN. SIL. CROS. ET LAGER.
BURG. NORIMB. PR. HALB. ET MIN.

342. (30) Golddukaten.
Avers: Madonna mit Kind im Strahlenkranz
auf der Mondsichel.
Umschrift: VITA DULCEDO ET SPES NOSTRA.
Revers: Churbayerisches Wappen von Löwen
gehalten mit Umschrift:
MAXIMILIANUS D. G. CO. PA. RHE. VTRQ.
BOIARIAE DUX. M.D.C.XVIII.

343. (31) Georgsthaler in Gold mit Prägung wie No. 21.

344. (32) Kleiner Georgsthaler, Darstellung wie auf
dem grossen, bezeichnet — N —.

345. (33) Detto mit sehr hohem Relief und sehr
scharfer Prägung.

346. (34) Grosser österreichischer Goldthaler.
Avers: Franz I.
Umschrift: FRANCISCUS I. D. G. AUSTRIAE IM-
PERATOR.
Unten Münzzeichen: A.
Revers: Österreichischer Doppeladler.
Umschrift: HUN. BOH. GAL. REX. A. A. LO. WL.
ET. IN. FR. DUX. 1811.
Unten: (4).

347. (35) Goldmünze.
Avers: Bildnis Maximilians von Bayern in
Rüstung, ganze Figur. In der Rechten einen
Stock, in der Linken einen Reichsapfel
haltend, der auf einem Postament liegt,
welches das bayerische Wappen trägt.
Umschrift: MAXIMIL: COM: PAL: RH: VT: BA:
DUX. S. R. I. ARCHIDAP. ET ELECT.
Revers: Abbildung der Stadt München; da-
rüber in Wolken Madonna mit Kind, rechts
und links mit betenden Engeln.
Umschrift: NISI DOM. CUSTODIERIT. CIVIT.
FRUST. VIGIL. QUI. CUSTODIT. 1640.

348. (36) Grosser Goldthaler.
Avers: Bildnis Ferdinand III. mit Umschrift:
FERDINANDUS III D. G. ROM. IM. S. E. AU.
GE. HU. BO. REX.
Revers: Doppeladler mit Umschrift:
ARC. DUX. AUST. D. BURG. S. K. C. C. TYRO.
1657.

349. 37. Österreichischer Dukaten.
   Avers: Kopf Ferdinand I. mit Umschrift:
   FERD. I. D. G. AUSTR. IMP. HUNG. BOH. R.
   H. N. V.
   Revers: Doppeladler mit Umschrift:
   REX. LOMB. ET VEN. DALM. GAL. LOT. ILL.
   A. A. 1840.

350. 38. Österreichischer Dukaten.
   Avers: Kopf Franz Joseph I. mit Lorbeerkranz.
   FRANC. JOS. I. D. G. AUSTRIAE IMPERATOR.
   Revers: Doppeladler mit Umschrift:
   HUNGAR. BOHEM. GAL. LOD. ILL. REX. A. A.
   1859.

351. 41. Nürnberger Goldmünze.
   Avers: Lamm mit Friedenspalme auf Erdkugel.
   Revers: Die drei Nürnberger Wappen mit fliegenden Bändern verbunden. In der Mitte die Bezeichnung:
   G. F. N.
   MONETA AUREA REIP. NORIMB.

352. 42. Ungarischer Golddukaten.
   Avers: Ganze Figur Joseph II. mit Panzer, Krönungsmantel und Insignien.
   JOS. II. D. G. R. I. S. A. G. H. B. R. A. A.
   D. B. ET L.
   Revers: Madonna mit Kind in Glorie auf Mondsichel mit ungarischem Wappen.
   PATRONA REGNI HUNGARIAE. 1785.

353. 43. Goldmünze mit gleicher Prägung und Umschrift wie Nr. 17. Ohne Bezeichnung.

354. 45. Goldmünze.
   Avers: Kopf mit Halskrause und Krone.
   FERDINANDUS II. D. G. RO. IM. S. A. G. H. BO. REX. D. SIL. X.
   Revers: Durch horizontalen Strich in zwei Hälften geteilt.
   In der oberen Abt.: Wage, darüber ein Crucifixus, rechts und links davon F—T.
   Zwischen der Wage F
   PIETATE JUSTITIA.
   In der kleineren Hälfte Wappen mit Datum 1630 und Unterschrift:
   MON. AUR. WRADISL. (Breslau)

355. 69. Kupfermünze.
   Avers: Schrifttafel mit Inschrift:
   LES HOMMES SONT EGAUX.
   Links davon Traube, rechts Ähren, darüber das Auge der Vorsehung.
   REPUBLIQUE FRANÇOISE L'AN II.
   Revers: Kranz und Wage. Im Kranz . 1 . S.
   unterhalb HB. darüber Jacobinermütze und Umschrift:
   LIBERTÉ EGALITÉ 1793.
   (In Strassburg geprägt, sehr selten.)

Klippen.

356. 123. Silberne Klippe zum Anhängen.
   Avers: In rundem Felde Erdkugel, an welcher seitwärts zwei Hände sich bittend emporstrecken. Aus den Wolken darüber eine ausgestreckte Hand mit Kranz.
   MAGNAS. FERTE DEO GRATES PRO PACE PERLATA.
   In den Ecken Rosetten.
   Revers: In kreisrundem Felde:
   GEDÄCHTNUS DES FRIEDEN VOLLZIEHUNGS SCHLUSS IN NÜRNBERG 1650. 16. JUN.
   Darüber Wappen von Nürnberg und Umschrift;
   IMPER. FERDINANDO III. P: F: AUGUSTO.

357. 47. Vergoldete silberne Klippe (0,05) mit Ring zum anhängen.
   Avers: Kopf in rundem Felde mit Umschrift:
   FERDINANDUS II. D. G. RO. I. S. A. G. H. B. REX. 1626.
   Revers: Wappen, umgeben von der Kette des goldenen Vliesses mit Umschrift:
   ARCH. AUST. DUX. BUR. STYRIAE ETC.

358. 139. Silberne Klippe.
   Avers: St. Georg zu Pferde, den Drachen tötend. Im Hintergrunde die Königstochter.
   Revers: Inschrift:
   S.
   GEORG.
   DER GETRE
   VE. RITTER. ER
   RETET DI
   JUNKF.
   RAW

359. 40. Nürnberger Klippe von 1700.
   Avers: Lamm mit Friedensfahne auf Erdkugel in kreisrundem Felde.
   MISERA NOSTRA PATER DONA PACI

Revers: Die drei Wappen von Nürnberg mit Umschrift:
SECULUM NOVUM CELEBRAT RESP. NORIMBERGENS. Mit Bezeichnung unter dem Wappen: I. M. F. 0,02

300. (46) Goldene Klippe.
Avers: Sitzender Bischof mit Insignien. In kreisrundem Felde.
Umschrift: SANCTUS RUDPERTUS, EPS. SALISB. 1644.
Revers: Wappen mit Kardinalshut und Umschrift:
PARIS. D. G. ARCH.EPS. SAL. SE. AP. L.

301. (48) Einzelne römische Bronzemünze mit beschnittenem Rande.
Avers: Männlicher Kopf mit Lorbeerkranz.
Umschrift: IMP. MAX. ANTNUS. PIUS. AUG.
Revers: Weibliche sitzende Figur, vor sich ein Gefäss, dem eine Schlange entsteigt.
Umschrift: SALUS AUGUS . . . CC.

Kupferdruckplatten.

302. (49) Platte, darstellend eine Medaille auf Karl V.
Avers: Porträt Karls V. mit Barett und geschlitztem Gewande und dem Orden des goldenen Vliesses.
Umschrift: CAROLUS V. ROMANORUM IMPERATOR. SEMPER AUGUSTUS. 1517.
Revers: Wappenschild mit Doppeladler, von der Kette des goldenen Vliesses umgeben. Darüber Kaiserkrone mit fliegenden Bändern, rechts und links eine Säule.
Umschrift: AQUILA ELECTA JUSTE * OMNIA VINCIT MDXXXVII.
Lang 0,10 m, breit 0,05 m.

303. (50) Platte zu einer Medaille auf Dr. Luther.
Avers: Porträt.
Revers: Im Kreise die Bezeichnung: D. M. L.

Lang 0,10 m
Breit 0,045 m

PORZELLAN.

SAMMLUNG BUCHNER IN BAMBERG.

GRUPPE IX.

KERAMIK

Steingut

(Siehe Gruppenbild Nr. VI.)

Hellgraues.

364. (1) Vielfach horizontal gegliederter Krug mit Zinnstreifen und Rautenmuster, Zinndeckel und detto Fuss.
Höhe 0,23 m.

365. (2) Detto mit Schuppenmuster.
Höhe 0,23 m.

Braunes.

366. (3) Vielfach horizontal gegliederter, bauchiger Krug mit horizontalen Zinnstreifen und aufgesetzten Thonperlen auf hellbraunem Fond. Fuss und Deckel mit Zinn. Auf dem Deckel gepresstes Medaillon mit Darstellung einer Taufe und Inschrift: CHRISTUS SANCTIFICAVIT ECCLESIAM SUAM. Sehr schönes Exemplar.
Höhe 0,26 m.

367. (4) Krug mit ähnlicher Dekoration.
Höhe 0,20 m.

368. (5) Detto mit aufgesetzten Perlen und Ornament: Vögel mit Trauben. Auf dem Deckel gepresst St. Georg mit dem Drachen und Inschrift: BET RECHT ZU GOTT — ER HILFFT AUS NOHT.
Höhe 0,23 m.

369. (15) Grosser Henkelkrug mit Maskerons am Halse; auf dem Bauche Wappen mit Umschrift: HONNI SOIT QUI MAL PENSE. Oben rechts und links der Krone am Wappen die Initialen E. R.
Höhe 0,33 m, Durchmesser 0,23 m.

370. (16) Ähnlich mit scharf ausgepresstem, dreimal wiederkehrendem Wappen.
Höhe 0,30 m, Durchmesser 0,23 m.

371. (17) Ähnlicher Krug mit unscharfem Alliancewappen, Bauch eingedrückt, jedoch ohne irgendwelche Beschädigung.
Höhe 0,42 m, Durchmesser 0,29 m.

372. (18) Henkelkrug mit Maskerons auf dem Bauche und Inschrift: ARM UND FRUM — IST MIN RICHTUM.
Höhe 0,27 m, Durchmesser 0,17 m.

373. (19) Henkelkrug, am Ausgusse beschädigt, mit drei gleichen Wappen.
Höhe 0,21 m, Durchmesser 0,16 m.

374. (27) Kleiner sechsseitiger Krug mit Zinnverschluss und Henkel.

Graublaues (Creussener).

375. (6) Grosser Henkelkrug mit kugeligem Bauch, engem Halse und aufgelegtem Reliefornament, Löwen, ein Wappen haltend, sowie zwei weiteren Cartouchen, mit Bezeichnung: C. K. H. D.
Höhe 0,27 m, Durchmesser 0,25 m.

376. (7) Detto Krug mit einzelnem Wappen, gez. 1687.
Höhe 0,28 m, Durchmesser 0,19 m.

377. (8) Deckelkrug mit Henkel und tiefblauem Fond, mit aufgelegtem Ornament, vorn Dame in reichem Kostüm. 17. Jahrh.
Höhe 0,23 m, Durchmesser 0,17 m.

378. (9) Detto mit durchgehends angewendetem aufgelegtem Rosettenmuster von vorzüglicher

— 45 —

Schrift. Auf Deckel Madonna mit Umschrift: SANCTA MARIA, MATRE DOMINI.
Höhe 0.28 m. Durchmesser 0.21 m.

379. 10. Cylindrischer Henkelkrug mit Zinndeckel und Relief mit Inschrift: TIERGARTEN Hirsche, Stadt und Fluss und Bezeichnung: M. A. M. B. A. Y. R. I. G.
Höhe 0.17 m.

380. 11. Tiegel mit gewundenen Säulen, deren Kapitelle durch Engelsköpfe mit Flügeln gebildet sind. In den Zwischenräumen Wappen, eines mit Namenszug: datiert 1817.

Höhe 0.20 m. Durchmesser 0.19 m.

381. 12. Henkelkrug mit Zinndeckel und einfachem aufgelegtem Ornament in blau und rot.
Höhe 0.21 m. Durchmesser 0.15 m.

382. 13. Kleiner Trinkkrug mit Henkel und Zinndeckel, Ornamentfriesen und Relief, eine Stadt darstellend.
Höhe 0.17 m.

383. (14) Grosser Henkelkrug mit Zinndeckel und Dille, aufgelegten Wappen und Initialen I. M.
Höhe 0.34 m. Durchmesser 0.18 m.

384. (20) Kleiner Henkelkrug mit Deckel und Maskerons am Halse, der Bauch mit sehr hübschen scharf ausgepressten Rosetten ohne Glasur. Fond tief blau.
Höhe 0.22 m.

385. (21) Detto, etwas einfacher.
Höhe 0.22 m.

386. (22) und 23. Krüge mit Henkel und Zinndeckel, Bauch mit aufgelegten Rosetten. Beim einen gepresster Deckel mit Auferstehung Christi. Beide sehr schöne Stücke.
Höhe 0.15 m.

387. (24) Kleines viereckiges Fläschchen mit rundem Fuss und Hals, mit Portraitmedaillons, blau und rot.
Höhe 0.10 m.

388. (25) Kleiner Deckelkrug mit Schuppenmuster.
Höhe 0.10 m.

389. (26) Kleiner Deckelkrug.
Höhe 0.20 m.

GRUPPE VI.

STEINGUT.

405. 16. Das nämliche, dunkel.
Höhe 0,105 m.

406. 17. Kugelvase mit kleinem Deckel und Kinder-Figuren-Fries.
Höhe 0,14 m.

407. 18. Zwei Tassen mit Untertasse, hell, Fuss geriest mit Tieren.
Durchmesser der Tassen 0,08 m. Höhe 0,08 m.

408. 19. Tasse mit Untersatz, auf letzterem Blattornament; auf der Tasse die allegorischen Figuren der Wissenschaft und des Krieges.
Durchmesser der Tasse 0,065 m. Höhe 0,08 m.

410. 20. Pfeifenkopf, hell, mit Justitia und Simson.
Länge 0,085 m.

411. 21. Kleiner oblonger Untersatz mit drei Gruppen: Mädchen und Amor, drei tanzende Weiber in antikem Gewand und Opferscene vor Amor, dargebracht von weiblichen Figuren.
Länge 0,14 m. Breite 0,08 m.

412. 22. Kleiner Aschenbecher mit drei Scenen, Amor aus einem Korb entfliegend, dann Pegasus von einem Manne geführt und trauernde weibliche Gewandfigur.

413. 23. Finger-Ring mit Wedgwood Einlage; Lyra spielende Muse.

Medaillons.

No. 116. 26. Medaillon in Wedgwood.

414. 24. Dunkelbl. Oval mit weibl. Figuren vor einem Altar.
Achsen 0,025 und 0,040 m.

415. 25. Hellblau Oval mit: Amor mit Vogel.
Achsen 0,045 und 0,034 m.

416. 26. Oval, antike Frauenfigur mit Kind, sehr schönes Exemplar. (Siehe Abb.)
Achsen 0,065 und 0,053 m.

417. 27. Helles Oval mit Frauenfigur, auf deren Fuss Amor steht.
Achsen 0,059 und 0,044 m.

418. 28. Helles Oval, Frauenfigur unter einem Baume mit bogenhaltendem Amor.
Achsen 0,060 und 0,040 m.

419. 29. Helles Oval mit knieender Frauenfigur vor einem Altar.
Achsen 0,045 und 0,035 m.

420. 30. Helles Oval mit Pallas und Juno. Zwischen beiden ein Postament mit Büste, das die Bezeichnung: „Code" an der untern Partie zeigt.
Achsen 0,045 und 0,035 m.

421. 31. Helles Oval, Darstellung einer Frau mit Kind.
Achsen 0,035 und 0,030 m.

422. 32. Oval mit opfernder weiblicher Figur mit Dreifuss vor einem Götterbildnis auf Postament. Hinten Amor. Sehr hübsches Stück.
Achsen 0,040 und 0,032 m.

423. 33. Dunkelgraues Oval; Jupiter sitzend en face, ganze Figur, auf Wolken, mit Adler.
Achsen 0,038 und 0,32 m.

424. 34. Hellblaues Oval; Krieger zu Fusse und zu Pferd.
Achsen 0,040 und 0,033 m.

425. 35. Hellblaues gewölbtes Oval, kniende weibliche Figur, vor einer Stele.
Achsen 0,045 und 0,035 m.

426. 36. Dunkelgraues Oval, zwei männliche Figuren, die eine stehend, die andere sitzend und niedergebeugt vor einer Stele.
Achsen 0,040 und 0,032 m.

427. 37. Helles Oval; weibliche Figur mit Fackel vor Altar.
Achsen 0,040 und 0,033 m.

428. 38. Dunkelblaues Oval; Apollo mit Lyra, daneben Dreifuss.
Achsen 0,032 und 0,041 m.

429. 39. Kreisrundes Medaillon, vier weibliche Figuren in antiker Gewandung, die einen sitzend, die andern Abschied nehmend. Sehr schönes Stück.
Durchmesser 0,038 m.

430. 40. Detto, hell, mit drei tanzenden weiblichen Figuren in äusserst anmutiger Bewegung.
Durchmesser 0,033 m.

431. 41. Detto, a bis g, Suite von sieben Kinderreliefs auf hell chamois Grund.
Durchmesser 0,04 m.

432. (42) Detto, zwei Kinderscenen (hell).
433. (43) Putte mit Rolle (dunkel).
434. (44) Opfernde weibl. Figuren vor Amor mit Maske.
435. (45) Sitzende Greisin und Jünglingsfigur (dunkel), sehr schön i. d. Komposition.
436. (46) Apollo mit Sonnenwagen und Lucifer (hell).
437. (47) Weibl. Figur über einem Feuer vor Amors Tempel Wäsche trocknend.
438. (48) Sitzendes weibliches Figürchen, Amor küssend (hell).
439. (49) Musen, den Pegasus fütternd (hell).
440. (50) Zwei weibl. Figuren belauschen den schlafenden Amor (dunkel).
441. (51) Krieg (männl. Figur) und Friede (weibl. Figur) vor einer Statue der Athene. Sehr fein (dunkel).

        42—51 Durchmesser 0,040 m.

442. (52) Dunkles Oval mit Klio, zerbrochen.
        Achsen 0,032 und 0,040 m.
443. (53) Oval in geschliffenem und facettiertem Stahlrahmen: Amor mit Nest und Vogel.
        Achsen 0,065 und 0,053 m.
444. (54) Viereckige Einlage, Simson mit dem Löwen.
        0,046 zu 0,035 m.
445. (55) Viereckige Platte (hell) mit figuraler Scene: Wer kauft Liebesgötter. Unten ein Jüngling.
        Seiten: 0,057 auf 0,025 m.
446. (56) Viereckige Platte (hell), Amorettenfigur vor Altar.
        0,04 auf 0,023 m.

Fayence

147 1. Henkelkrug mit Blumenmuster und Alliance-
wappen, Zeichnung blau auf weissem Grunde.
Mitte des 17. Jahrh.
Höhe 0.28 m.

148 1a. Ähnlicher Krug wie Nr. 1. Auf dem Bauche
Allianzwappen und reicher Blumendecor
mehrfarbig, etwas beschädigt.
Höhe 0.28 m.

149 1b. Detto mit dem nämlichen Wappen wie der
vorhergehende. Schönes Stück von vorzüglicher Erhaltung. Alle drei Nummern
dürften einer Nürnberger Fabrik entstammen.
(Abb. auf Gruppe VII.)
Höhe 0.28 m.

150 2. Farbiger, schief gebuckelter Krug mit ge-
flochtenem Henkel (Zopfmuster) und Zinnmontierung. Auf dem Bauche mehrfarbige
Darstellung eines Bauerntanzes. 18. Jahrh.
Bezeichnet: Josef Moser [seri?] (weder von
Jaennike noch von Jacquemart aufgeführt;
der ganzen Art nach ist der Krug Nürnberger Ursprunges). (Siehe Abb. Gruppe VII.)
Höhe 0.32 m.

151 3. Ähnlicher Krug, Malerei offenbar von derselben Hand stammend, mit Darstellung der
Hochzeit von Cana, ohne Bezeichnung. (Abb.
siehe Gruppe VII.)
Höhe 0.32 m.

152 4. Grosser Krug, schräg gebuckelt mit Zopfhenkel; auf dem Bauche Blumenornament
und Schmetterlinge mehrfarbig, sehr schönes
Stück von guter Erhaltung, datiert
1685, mit Zeichen, offenbar Nürnberger Arbeit. (Abb. auf Gruppe VII.)
Höhe 0.42 m.

153 (73) Blaugemusterter Krug (fränkisch?) mit Henkel
und Zinndeckel. Auf dem Bauche grosse
landschaftliche Darstellung. Schönes, gut
erhaltenes Stück. (Abb. siehe Gruppe VII.)
Höhe 0.38 m.

154 (74) a & b. Zwei weisse Henkelkrüge von sehr
guter Form, mit Zinndeckel und Fuss; am
Bauche schräg gebuckelt. (Abb. siehe Gruppe VII.)
Höhe 0.27 m.

155 (69) Holländische Kanne, mit blauer Zeichnung
auf weissem Grunde mit grosser Dille, ohne
Deckel.
Höhe 0.22 m.

Eine Suite von 30 Humpen, wohl zum
grössten Teile fränkisches Fabrikat, alle von sehr
guter Erhaltung.

156 (12) Humpen mit Wirtshausszene und Blumen;
Zinndeckelverschluss.
Höhe 0.23 m.

157 (13) Humpen, braunroter Fond mit Wappen (Vogel)
auf dem Deckel: I. A. R. 1795.
Höhe 0.22 m.

158 (14) Humpen mit senkrechter Felder-Einteilung
(Palmenfüllungen), dazwischen vegetabilisches
Ornament.
Höhe 0.22 m.

159 (15) Humpen, weiss mit blau, springender Hirsch.
Auf dem Deckel: I. B. S. 1780.
Höhe 0.20 m.

160 (16) Humpen mit chinesischer Malerei auf weissem
Fond. Auf dem Deckel: GEORG, LVD, D. G. M. BRIT. FR. ET H. REX. F. D.
Sehr schönes Stück.
Höhe 0.22 m.

SAMMLUNG BUCHNER IN BAMBERG.

GRUPPE VII.

FAYENCE.

461. (17) Humpen, Fond braunrot mit Wappen (weibliche Figur). Auf dem Deckel zwei ovale Portraitmedaillons mit Umschrift:
Männl. Portrait.   Weibl. Portrait.
CAROLUS. ROM. ET.   ELIS. CHRISTINA
HUNG. R.   CAROLI. CON.
Höhe 0,23 m.

462. (18) Humpen mit Fruchtstück (Rettiche, Birnen etc.) auf weissem Grunde.
Höhe 0,22 m.

463. (19) Humpen, Zeichnung: Mann mit Kamel auf weissem Grunde.
Höhe 0,22 m.

464. (20) Humpen mit senkrechter Felder-Einteilung (Blumen-Füllungen). Auf dem Deckel en relief gepresst: Ansicht der Stadt Nürnberg.
Höhe 0,22 m.

465. (21) Humpen, gesprenkelt rotbrauner Fond mit Burg in blauer Zeichnung. Deckel mit Rosette.
Höhe 0,23 m.

466. (22) Humpen mit Fischerfigur und Blumen.
Höhe 0,20 m.

467. (23) Humpen, geschwellt, blau mit Zopfhenkel.
Höhe 0,24 m.

468. (24) Humpen mit hübschem ornamentalem Muster auf weissem Grunde.
Höhe 0,20 m.

469. (25) Humpen, blau mit Golddecor, vorne ein Bäckerwappen.
Höhe 0,22 m.

470. (26) Humpen mit figürlicher Szene in Landschaft. Auf dem Deckel: Jupiter auf Adler mit Umschrift.
JOVIS, GERMANI, PROSTRATI, FULMINE.
CADUNT. AD. BELGRAD. 1717.
(Die „Prostrati" sind als Hunde dargestellt.)
Höhe 0,22 m.

471. (27) Humpen mit Zinnmontierung. Auf dem Deckel: Verkündigung Mariae mit Umschrift:
MARIA DU ALLEIN SOLLST CHRISTI MUTTER SEIN.
Höhe 0,23 m.

472. (28) Humpen mit landschaftlichem Motiv und Vögeln, à la chinoise.
Höhe 0,23 m.

473. (29) Humpen mit Darstellung einer Schafschur, datiert 1773.
Höhe 0,22 m.

474. (30) Humpen mit männlichem Brustbildnis.
Höhe 0,20 m.

475. (31) Humpen mit braunrot gesprenkeltem Fond und Türkenfigur. Auf dem Deckel Ansicht von Wien.
Höhe 0,23 m.

476. (32) Humpen, dunkelblauer Fond mit Vögeln.
Höhe 0,20 m.

477. (33) Humpen mit landschaftlicher Szenerie und chinesischer Figur, starke weisse Glasur.
Höhe 0,16 m.

478. (34) Humpen, Fond gesprenkelt mit türkischen Raucherfiguren.
Höhe 0,22 m.

479. (35) Humpen, blau und weiss, mit Darstellung der Hagar. Auf dem Deckel graviertes Wappen.
Höhe 0,23 m.

480. (36) Humpen, mit Darstellung einer Metzgerscene, mit Zopfhenkel.
Höhe 0,21 m.

481. (37) Humpen mit Waldhornbläser. Auf Deckel Medaillon mit Musikanten und tanzendem Paare, wobei die weibliche Figur ihren Rock verliert, und Umschrift:
AUSSEN BEGLISSEN, INNEN BESCHMISSEN.
Gravierte Inschrift: J. M. Störzenhofeckrinn 1798.
Höhe 0,20 m.

482. (38) Humpen mit chines. Scene.
Höhe 0,23 m.

483. (39) Humpen, braun mit eingekratzten Ornamenten und Spruch:
KLEIN DING MAN NIT VERACHTEN SOLL
KLEIN BRÜNLEIN TRINKEN WOL.

484. (62) Humpen mit Henkel und zierlichem Blumendecor. Auf dem Henkel eingepresst:
AUGUSTUS II. D. G. REX. POLONIAE, EL. SAX
(Abb. siehe Gruppe VII.)

485. (63) Humpen mit geschwelltem Bauch und blauer Malerei (Blumen und Vögel). (Abb. Gruppe VII.)
Höhe 0,18 m.

486. (72) Humpen, blau mit aufgemalten Blumen.
Höhe 0,20 m.

487. (45) Geschweifte Delfter Blumenvase mit farbigen, schwach reliefierten Verzierungen, etwas beschädigt. (Abb. Gruppe VII.)
Höhe 0,21 m.

488. (51) a. u. b. Zwei sechseckige
Vasen mit Zeichen
(Ludwigsburg? Kann mög-
licherweise auch „alt Elsass", also holländ.
Ursprungs, sein, auf welch letzteren die
Form und Ornamentierung hinweist, die eine
etwas beschädigt. (Siehe Gruppe VII.)
Höhe 0,27 m.

489. 04 a. u. b. Vasen mit blauem Blumen-
decor und Zeichen
„Unbekannte Marke".
Höhe 0,22 m.

490. 45 Viereckige Flasche mit verschraubbarem Zinn-
deckel, auf den Seiten figürliche Darstellungen.
(Siehe Gruppe VII.)
Höhe 0,24 m.

491. 46 Tafelaufsatz, von vier aufrecht stehenden
Delphinen getragen mit oblonger Schale,
Malerei blau auf weissem Grunde, etwas
beschädigt.
Höhe 0,19 m, Länge 0,23 m.

492. 47 Ähnliche Schale, farbig be-
handelt mit Zeichen
Sèvres, an XIII 1805?.)
Höhe 0,20 m, Länge 0,23 m.

493. (10 u. 11) Quadratische Platten mit canne-
liertem Rande u. sehr guten Malereien
(Schäferscenen) mit Zeichen
Höchst.
Länge und Breite je 0,21 m.

494. 42 Kugelförmige Schale mit Deckel und Untersatz
mit reicher Malerei, Landschaften,
Figuren und Blumen. Bezeichnet
(Marseille, Veuve Perrin; ein ähn-
liches Zeichen giebt Jacquemart unter den
Arbeiten flandrischen Ursprunges.
Höhe 0,17 m, Durchmesser 0,14 m.

495. 43 Hohe Schale mit Malerei und Zeichen wie
beim vorigen.
Höhe 0,17 m.

496. 44 Länglich ovale Henkelschale mit Blumen-
decor, blau und grün. Auf dem Deckel als
Griff eine Birne.
Länge 0,18 m, Höhe 0,14 m.

497. 48 Grosser geschweifter Untersatz mit farbigem
Blumendecor.
Länge 0,51 m, Breite 0,37 m, Höhe 0,10 m.

498. (49) Grosser Untersatz mit farbigem Blumendecor
und plastischen Ornamenten.
Länge 0,61 m, Breite 0,50 m, Höhe 0,07 m.

499. (50) Herzförmige kleine Schale mit blauem Decor.
Länge 0,095 m.

500. (51) Sternförmige Schale mit Blumendecor.
Axenlänge 0,13 m.

501. (52) u. (53) Teller mit Kanne, mit farbigen Blumen
auf braunem Grunde (Thuner Fabrikat). (Siehe
Abb.)
Durchmesser des Tellers 0,25 m, Höhe der Kanne
0,08 m.

Nr. 501. 52.

502. 57 Platte mit aufgestülptem, stark canneliertem
Rande, Decor blau. (Delfter Fabrikat.)
Durchmesser 0,35 m.

503. (58) Ähnliche Platte mit neunteiligem, gewölbtem
Rande und blauem Decor.
Durchmesser 0,34 m.

504. (59) Grosse Platte mit blauem Decor. Der Rand
mit regelmässig nach innen angeordneten
Blumen. In der Mitte Monogramm. Vorzügliches Stück.

Durchmesser 0,39 m.

505. (60) Grosse ovale Platte mit canneliertem Rande und erhabenem Boden; Bemalung in blau, gelb, grün und rot, sehr schönes Stück mit Zeichen (Lille oder Valenciennes). (Siehe Gruppe VII.)
Längsdurchmesser 0,49 m, Querdurchmesser 0,41 m.

506. (66) Weisse Platte mit Puttenfigur, Styl Louis XVI, beschädigt. (S. Abb. Schlussvignette dieser Abtlg.)
Seitenlänge 0,21 m.

507. (67) Achteckige Platte, weiss mit blauem Decor und geriestem Rande.
Länge 0,435 m.

508. (68) Sechs Bayreuther Teller à jours, weiss mit durchbrochenem Rande und korbgeflechtartig behandeltem Grunde.
Durchmesser 0,23 m.

509. (5) u. (6) Zwei kleine Jardinièren, halbrund mit Konsolen in drei Felder eingeteilt mit Malereien unter Glasur, mit Zeichen (Marseille, Robert).
Wandlänge 0,19 m, Höhe 0,11 m.

510. (7) Kleine geschweifte Kommode mit japanischer Zeichnung, Decor rot u. schwarz auf weissem Fond. Bezeichnet (Unbekannte holländ. Marke; hat auch Ähnlichkeit mit der Marke von Meillonas.)
Wandlänge 0,17 m, Höhe 0,13 m.

511. (8) Kleine geschweifte Kommode mit Marke (de twee Scheepjes?) und chinesischer Ornamentierung.
Höhe 0,13 m, Breite 0,18 m.

512. (9) Kleine Jardinière mit reizender Malerei (Bouquets), bezeichnet H (Hannong?).
Höhe 0,125 m, Rückenlänge 0,22 m.

513. (54) Würfelförmiges Tintenfass als Kochherd gedacht mit Kupfermontierung, die Seiten mit grün glasierten Reliefs, eine Sterbescene und ein Gastmahl darstellend.
Länge 0,10 m, Höhe 0,10 m.

514. (70) Teller mit Henne und Küchlein, Decor blau und gelb.
Höhe 0,17 m.

515. (71) Weihwasserbehälter, gelb glasiert mit Reliefornamenten, etwas beschädigt.
Höhe 0,34 m.

516. (55) Grün glasiertes Ofenmodell mit Untersatz und Aufbau mit Löwen als Träger, unten mit vertieften Kacheln, oben Nischen mit Blumengefässen, Ecksäulchen und reichem Kranzgesimse. Vorzüglich erhalten. Dürfte Nürnberger Arbeit sein.
Länge 0,14 m, Breite 0,10 m, Höhe 0,28 m.

517. (56) Grün glasiertes Ofenmodell mit Untersatz und Aufbau. Unten und oben Hermen als Einfassung der Füllungen, welche stark reliefiert die Figuren des Saturn, der Venus und des Mars zeigen. 17. Jahrh. Vorzüglich erhalten.
Länge 0,12 m, Breite 0,10 m, Höhe 0,26 m.

518. (73) Schwarz glasiertes Weilheimer Ofenmodell mit Untersatz und Aufbau, beschädigt.
Höhe 0,27 m.

Nr. 506 (66).

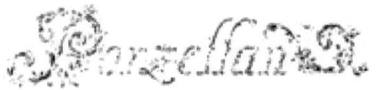

Porzellan.

Älteste Fabrikate in Braun.

519. 97. Feinster Bierherkrug, braun mit Silber- und Golddecor, feine Glasur mit Darstellung allegorischer Figuren. Das Ornament erinnert noch an Renaissance-Muster des 17. Jahrhunderts. (Abb. siehe Gruppe X.)
Höhe 0,17 m.

520. 78. Schale, bezeichnet Z. W.
Durchmesser 0,12 m.

521. (142) Tintenfass mit reicher plastischer Ornamentierung.
Länge 0,23 m, Höhe 0,08 m.

522. (177) Braune Porzellanschale mit Golddecor und silberornamentiertem Rande.
Durchmesser 0,23 m.

Hart-Porzellan, weiss und bemalt.
I. Meissen.
Durch Boettger 1709 begründet. In der Sammlung Buchner vorkommende Zeichen:

Augustus Rex.

K.P.M.

Königl. Porzellan-Manufactur (bis 1712).

nach 1712.

(Abbildungen vergl. Gruppe VIII, IX und X.)

523. 5. Grenadier mit hoher Mütze und Muskete, weiss. (Siehe Abb. S. 55.)
Höhe 0,22 m.

524. 7 u. 8. Zweiarmige Leuchter (Girandolen), mit Bauern-Schäfer-Figuren als Träger, durchaus farbig behandelt mit reichem Blumenknauf. (Siehe Abb. auf Gruppe XI.)

525. 21. Figürchen, Dame am Tisch sitzend, mit Blumenkörbchen, in zopfigem, farbig behandeltem Kostüm.
Höhe 0,145 m.

526. 24. Kriegerfigur in antiker Idealtracht mit adlerbekröntem Helm, die Rechte auf den Feldherrnstab gestützt, die Linke in lebhafter Bewegung gesenkt; neben ihm ein geflügelter Löwe. Das ganze vortrefflich in der Modellierung der Bewegung. (Abb. S. 55.)
Höhe 0,22 m.

527. (36) Quacksalber mit Affe und umgehängtem Holzschwerte, durchaus farbig behandelt und vorzüglich in der Bewegung. (Abb. Gruppe IX.)
Höhe 0,15 m.

528. (37) u. (38) Gärtner und Gärtnerin in reichem, zopfigem Kostüme, jede der Figuren mit Giesskanne. (Siehe Abb. Gruppe VIII.)
Höhe 0,12 m.

529. (48) Patte mit Trommel und Dreimaster, reizendes Figürchen, durchaus farbig behandelt.
Höhe 0,10 m.

530. (65) Büste des Seneca, farbig behandelt auf rundem Sockel. (Siehe Abb. auf Gruppenbild Nr. VIII.)
Höhe 0,18 m.

531. (71) Zwei Maskerons, Fragmente, ursprünglich Henkel, zwar ohne Zeichen, aber zweifelsohne Meissener Fabrikat bester Zeit.

SAMMLUNG BUCHNER IN BAMBERG.

Gruppe XIII.

PORZELLAN.

532. (133) Kindergruppe mit Globus, drei Figürchen, farbig behandelt.
Höhe 0,12 m.

533. (134) Kindergruppe mit Köcher und Bogen, farbig behandelt.
Höhe 0,09 m.

Nr. 523 ⁸⁄₁

534. (145) Liegendes Lamm, weiss. (Siehe Abb. auf Gruppe IX.)
Höhe 0,12 m.

535. (146) Ziege, ganz weiss, sehr detailliert in der Modellierung. (Siehe Gruppe IX.)
Höhe 0,12 m.

536. (121) u. (122) Figurengruppen, Venus und Quellennymphe, Gruppen zu je drei Figürchen von ganz vorzüglicher Modellierung, die letztere etwas beschädigt. (Siehe Gruppe VIII.)
Höhe 0,18 m.

537. (135) Amor und Psyche als Kinderfiguren, sich umarmend, farbig behandelt.
Höhe 0,19 m.

538. (6) Schale mit Ständer, Putten auf felsigem Untergrunde, ausgezeichnetes Stück mit farbigem Decor. (Siehe Gruppe Nr. XI.)
Höhe 0,35 m.

539. (84) Service, bestehend aus: Theekanne mit sechs Tassen und dazu gehörigem Untersatz, Milchkännchen und Untersatz. Decor blau mit wenig Anwendung von rot.

540. (93) Komplettes Thee-Service, bestehend aus grosser und kleinerer Kanne sowie Milchkännchen, Zuckerbüchse, zwei Kaffee- und zwei Thee-Tassen, sowie grossem, zugehörigem Untersatz. Weiss mit blauem Decor und farbigen Blumen.

541. (94) Komplettes Service, bestehend aus Kanne, Milchkanne, Zuckerdose, zwei Tassen samt Untertassen und grosser, zugehöriger Platte. Decor mehrfarbig mit figürlichen Malereien

542. (169) Ganzes Meissener Service aus später Zeit (Decor weiss und rot), bestehend in: Zwei Dosen, zwei grossen und einer kleinen Kanne, sechs Tassen samt Untertassen.

543. (11) Grosser konischer Topf mit Deckel, glatt mit Flechtornament und gemalten chinesischen Figuren, Drachen etc. etc., alles auf weissem Grunde, entsprechend den lackierten Chinoiserie-Meubles, wie sie unter Louis XV. und Louis XVI. im Schwange waren. (Siehe Abb. Seite 12.)
Höhe 0,26 m, Durchmesser 0,20 m.

544. (179) Kaffee-, Milch- und Theekanne mit Deckel und Henkel, davon die erste etwas beschädigt, mit reichem Blumendecor.
Höhen 0,18, 0,14 und 0,11 m.

Nr. 526 ²⁴⁄₁

545. (86) Runde Schüssel mit Blumendecor.
Höhe ...... m. Durchmesser 0,175 m.

546. (91) Kleine achteckige Schale mit farbigem Decor und Hirschjagd.
Durchmesser 0,12 m.

547. Ovale Schale mit Untersatz und dem Zusatzzeichen: K. P. M.
Grösster Längsdurchmesser 0,17 m.

548. (88) Sieben kleine Schalen mit farbigem Decor, vier davon als Meissener Arbeit bezeichnet.

549. (99) Zwei kleine Schmuckschalen mit gepresstem Flechtmuster, Goldrändchen und Figur der Fama, polychrom behandelt.

550. (100) Zwei längliche Schalen, oval mit Henkel und Deckel, Decor: weiss mit Goldrand und farbige Vögel.

551. (131) Schale mit Untersatz, weiss mit Golddecor und Blumenbouquets.
Höhe 0,11 m.

552. (74) Ovale Platte, weiss mit Blumendecor.
Grösste Achse 0,30 m.

553. (83) Teller mit erhaben gepresstem Muster und Blumen-Malerei.
Durchmesser 0,31 m.

554. (73) Suppen-Terrine mit Deckel und Henkeln, oval geschweift mit Blumenmuster auf weissem Fond, äusserst elegante Gesamtform.
Grösste Achse 0,34 m, Höhe 0,37 m.

555. (98) Terrine, weiss mit Goldrand und farbigen Malereien.
Durchmesser 0,20 m.

556. (113) Grosse ovale, geschweifte Henkel-Terrine mit Untersatz, mit plastischem Blumenschmuck und Figürchen auf dem Deckel, vorzügliche Arbeit erster Qualität mit chinesischen Malereien. Auf dem Boden der Schüssel plastisch eine Schlange. (Siehe Abb. auf Gruppe Nr. X.)
Längsachse 0,31 m, Höhe 0,29 m.

557. (114) Grosse Henkel-Terrine mit Deckel und Knauf, mit aufgepresstem Korbgeflecht-Muster und Malereien à la chinoise. Dazu Teller. Vorzügliches Stück. (Abb. Gruppe X.)
Längsachse 0,28 m, Höhe 0,31 m.

558. (115) Grosse geschweifte und gerifte Henkel-Terrine mit Deckel und Untersatzplatte, auf dem Deckel ein plastisches Kinderfigürchen, mit Äpfeln spielend. Malereien, Tierscenen, Geflügel, Fliegen etc. etc. (Abb. Gruppe X.)
Längsachse 0,027 m, Höhe 0,26 m.

559. (85) Zwei Tassen mit leichter Blumenmalerei.

560. (114)—(19) Tassen mit Malereien à la chinoise, die vier ersten mit, die zwei letzten ohne dazu gehörige Untertassen. Die eine davon trägt das alte Zeichen der Meissener Fabrik,

𝓡

die übrigen das Zeichen des gekreuzten Schwertes.

561. (89) Zwei Tassen ohne Untersatz.

562. (112) Tasse mit Untersatz, dunkelblauer Fond mit Gold und Kinderfiguren nach Boucher auf weissem Grunde.

563. (30) und (31) Leuchter.
Höhe 0,18 m.

564. (132) Tintenfass mit Untersatz, Decor rosa Fond mit ornamentiertem Goldrande. In den Medaillons figürliche Scenen in farbiger Ausführung.
Höhe 0,09 m.

565. (141) Flaches Flacon in Form eines Kissens.
Höhe 0,06 m.

566. (176) Viereckige Büchse, oben geschweift mit Blumenbouquets.
Höhe 0,11 m.

567. (181) Untertasse mit Blumendecor.
Durchmesser 0,13 m.

II. Berlin.

Gegründet durch Wegeli 1750 oder 1751.

Ältestes Zeichen ein W, später ⚱

568. (64) Weibliches Figürchen mit Tragkorb von sehr feiner Bewegung, auf Untersatz, farbig. (Siehe Abb. S. 37.)
Höhe 0,22 m.

569. (116) u. (117) Zwei farbige Kindergruppen zu je drei Figuren, die Wissenschaften darstellend, reizende Arbeit.
Höhe 0,13 m.

SAMMLUNG BUCHNER IN BAMBERG.

GRUPPE X.

PORZELLAN.

570. (130) Klassische Gruppe, darstellend eine männliche Figur mit Leier in antikisierendem Gewande, sowie weibl. Figur mit Blumen, hinter den beiden steht Amor.
Höhe 0,24 m.

571. (143) u. (144) Schäferfigürchen, ganz weiss, von ausserordentlich feiner Modellierung.
Höhe 0,17 m.

572. (110) Längliche Schale mit ornamentiertem Fusse; im Fond der Schale gemalt:

Nr. 568 u.s.

Schäferscene. Sehr schönes Stück.
Durchmesser 0,17 m. Höhe 0,07 m.

573. (185) Theekännchen und Kaffeekanne mit Blumendecor, etwas beschädigt.
Höhe 0,11 und 0,13 m.

574. (107) Tasse mit Untersatz aus der künstlerisch am tiefsten stehenden Periode der Berliner Manufactur.

III. Frankenthal.
Fabrik gegründet von Hannong 1754 nach seiner Vertreibung aus Strassburg.

Zeichen unter Hannong: der Pfälzer Löwe   öfters zusammen mit H's. Monogramm   später der Namenszug Carl Theodors:

575. (33) u. (34) Zwei tanzende Figürchen, Herr und Dame im Kostüm der besten Rokokozeit, das weibliche Figürchen an der Hand beschädigt, im übrigen ganz unübertreffliche Arbeit mit farbiger Behandlung. (Siehe Abb.)
Höhe der einzelnen Figur 0,22 m.

Nr. 575 (33 & 34).

576.   137. u. 138. Männliche Figuren, Bauern, mit Feldfrüchten und Trauben. Pendants, nur das eine bezeichnet. (Siehe Gruppe VIII.)
         Höhe 0,14 m.

577.   40. Kindliche Gärtnerfigur, farbig behandelt. (Siehe Gruppe VIII.)
         Höhe 0,11 m.

578.   53. Dudelsackpfeifendes Kinderfigürchen in farbiger Behandlung.
         Höhe 0,13 m.

579.   80. Kindliche Gärtnerfigur, farbig.
         Höhe 0,10 m.

580.   (60) Liebesscene, farbige Gruppe.
         Höhe 0,15 m.

581.   (95) Service, bestehend aus: Theekanne, Milchkanne, Zuckerdose, Tasse und Untersatz. Decor: weiss mit Gold und gelben landschaftlichen Darstellungen.

582.   (103) Zwei Salzgefässe, Körbe mit sitzenden Puttenfigürchen.

583.   (178) Sechs Teller mit geschweiftem Rande, Fond weiss, Decor farbige Blumen. Sehr gut erhalten.
         Durchmesser 0,24 m.

IV. Ludwigsburg.

Fabrik gegründet 1758 durch Ringler von Wien.

In der Sammlung vorkommende Marke

584.   46. u. 47. Kinderfigürchen als Musikanten, farbig, auf Harlequinsmütze die Fabrikmarke.
         Höhe 0,10 m.

585.   53. Kinderfigur als Jäger.

586.   (59) Sitzender Arlequino mit Drehorgel, farbig behandelt.
         Höhe 0,13 m.

V. Wien.

Fabrik gegründet 1718 durch Claude-Innocent du Paquier und Stenzel, der das Meissener Geheimnis kannte.

Marken:

587.   82. Büchse mit Blumendecor.
         Höhe 0,15 m.

588.   175. Viereckige Büchse, oben geschweift, mit Blumendecor.
         Höhe 0,11 m.

589.   182. Kleine Schale mit Blumendecor.
         Höhe 0,085 m, Durchmesser 0,195 m.

590.   (184) Sechs Teller mit geschweiftem Rande, blauem Streifornament und kleinen Goldblümchen.
         Durchmesser 0,20 m.

591.   (187) Milchkännchen mit Goldrand und Blumendecor.
         Höhe 0,09 m.

VI. Höchst.

Fabrik gegründet durch Gelz aus Frankfurt, mit dem Wappen von Churmainz und dem einfachen Rade:

592.   (35) Schäferin mit Tragkorb, neben ihr ein Hase, farbig.
         Höhe 0,15 m.

593.   (41) Kinderfigürchen, farbig.
         Höhe 0,12 m.

594.   (54) Kinderfigur, farbig. Höhe 0,13 m.

595.   (44) u. (45) Zwei Kinderfigürchen in türkischem Kostüm mit Turban, musizierend, farbig behandelt. Abbildung siehe Nr. 25 (5) Seite 9.
         Höhe 0,20 m.

Dr. E. Albert's Ottilische Münzen.

595. (49) Kind als Trompeter. (Abb. ebendas.)
Höhe 0,105 m.
596. (120) Figurengruppe, weiss: musicierender Jüngling, daneben reizendes weibliches Figürchen, rückwärts ein kleiner Knabe. (Abb. s. Gruppe II.)
Höhe 0,30 m.

598. (90) Kleine runde Schüssel samt Deckel und dazugehörendem Teller mit reizenden genrehaften Darstellungen.
599. (91) Schüssel mit Untersatz.

VII. Ansbach.

Fabrik gegründet 1718 von Meissener Arbeitern. Die unter sich sehr differierenden Marken werden z. T. auch der Thüringer Fabrik Anspach zugeschrieben.

In der Sammlung Buchner vorkommende Zeichen:

600. (57) Weibliches Figürchen mit Blumenkorb (Flora).
Höhe 0,14 m.
601. (58) Ceres mit Garben im Arm, Pendant zum vorigen.
Höhe 0,14 m.

602. (111) Einfache Tasse mit Untersatz, auf welchem figürliche Dekoration.
603. (180) Dose mit Deckel, farbiger Blumendecor.
Höhe 0,12 m.

VIII. Rudolstadt.

Fabrik 1758 von Macheleid errichtet. Das vorkommende wird auch als „Regensburg" gelesen.

604. (107) u. (108) Vasen mit Henkeln und langem Halse, Decor rot und gold, sowie farbige Blumen auf weissem Fond. Am Bauche Medaillons mit Malereien grau in grau, Aesculap und Hippokrates.
Höhe 0,24 m.
605. (109) Viereckiges Gefäss mit Doppeldeckel, Decor

in Gold und violett, mit bunten Blumen auf weissem Grunde.
Höhe 0,23 m.
606. (76) Fünf Tassen mit Untersatz, dunkelblau mit Golddecor und geringen Malereien.
607. (77) Fünf Tassen mit Untersatz, farbig mit reicher Vergoldung.

IX. Fürstenberg.

Fabrik 1750 gegründet von Benkler aus Höchst; nach anderer Version bereits 1744 von Glaser errichtet.

Vorkommende Marke

608. (81) Zwei plattenförmige, längliche Untersätze mit Bezeichnung.
Grösste Achse 0,25 m.

X. Kloster-Veilsdorf.

Fabrik angelegt 1762 von Gotthilf Greiner.

Vorkommende Marken:

609. (186) Service, bestehend in
a) Kaffeekanne mit Metallhenkel.
Höhe 0,22 m.
b) Grosse Schale.
Höhe 0,09 m, Durchmesser 0,18 m.
c) Kleine Schale mit Untersatz.
Höhe 0,085 m.

d) Elf zierliche Tassen mit Untertassen.
Durchmesser der Untertasse 0,12 m, Höhe der Tasse 0,05 m.
e) Eine überzählige Untertasse.
Alles mit zierlichem Blumendecor und Vögeln, fliegenden Bändern etc. Vortrefflich erhalten.

XIII. Unleserliche und zweifelhafte Marken.

614. (26) Flacon mit durchbrochenem Deckel und Metall-Montierung mit Marke **B**
Höhe 0,14 m.

615. (12) Schale mit Malereien in chinesischem Style und Zeichen **22** (Ilmenau?)
Höhe 0,08 m, Durchmesser 0,17 m.

616. (13) Deckelkrug, mit Silber montiert und Malereien à la chinoise. Zeichen gleich wie bei No. (12).
Höhe 0,18 m.

617. (39) Pilgerfigürchen von ausserordentlich scharfer Modellierung mit Zeichen (möglicherweise Worcester, die Krone zur Erinnerung an einen königl. Besuch im Jahre 1783).

618. (130) Einzelne Schäferfigur, weiss mit Bezeichnung

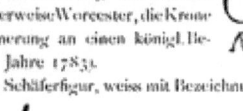

(Strasbourg, Hannong?)
Höhe 0,21 m.

619. (128)u.(129) Männliches und weibliches Figürchen in Phantasie-Kostümen, aus der Zeit des Direktoriums, ganz farbig behandelt. Auf der Unterseite die Zeichen ausgekratzt.
Höhe 0,28 m.

620. (173) Kaffeekanne mit Deckel, etwas beschädigt, mit Jagdszenen und Insekten. Dazu gehörig Theekanne von gleicher Dekoration, 18. Jahrh. Das Zeichen hat geringe Ähnlichkeit mit jenem des ersten Berliner Fabrikanten Wegeli, das übrigens seinerseits auch ganz verwandt ist mit dem Wiener Zeichen des Fabrikanten Du Paquier, möglicherweise auch Hannong.
Höhen 0,215 und 0,11 m.

621. (104) Figur eines Mopses, ganz weiss, Zeichen nicht erkennbar.
Höhe 0,15 m.

XIV. Unbekannte Marken.

622. (4) u. (5) Zwei ausserordentlich hübsche Soldatenfiguren, Husar mit rotem Attila, weissem Kalpak, detto Hose (Siehe Abb.), die andere, einen hohen Offizier darstellend in blauer Uniform, mit Marschallstab. Marke: Grünes Blatt. Beide Figuren vorzüglich erhalten. (Siehe Abb. bei Nr. 43 (9) S. 10.) Jaennicke giebt die Marke unter den unbekannten, Jacquemart dreht die Figur um und bezeichnet die Marke als „Urne tracée en creux". Auf den beiden Figuren der Sammlung Buchner ist es ein unzweifelhaftes, grünes Blatt.)
Höhe 0,29 m.

623. (106) Tintenfass, weibliche sitzende Figur mit Kind, sehr schönes Stück. Stempel I. R. I.
Höhe 0,16 m.

624. (92) Eiförmiges Gefäss auf drei Füssen mit durchbrochenem Deckel und reichen Emblêmemalereien; oben ein Schwan. Zeichen: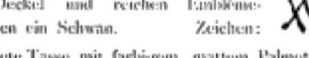

625. (174) Stark vergoldete Tasse mit farbigem, mattem Palmettenmuster aus der Empirezeit, bezeichnet B. S.
Höhe mit Untertasse 0,10 m.

626. (23) Maskeron, Bacchantin, Fragment eines grösseren Gegenstandes, sehr schön. Zwar ohne Zeichen, indessen zweifelsohne von Meissner Ursprung.
Länge 0,07 m.

Nr. 622 (5). Husar.

XV. Porzellan-Gegenstände ohne Marke.

627. 22. Kinderfigürchen mit Blumen in farbiger Behandlung.
Höhe 0,11 m.

628. 42. Kinderfigürchen mit rotem Mantel und Dreispitz.
Höhe 0,12 m.

629. 50. Kinderfigur mit Drehorgel, farbig behandelt.
Höhe 0,11 m.

630. 51. Nacktes Kinderfigürchen mit Hoboe.
Höhe 0,11 m.

631. 52. Ditto mit Querpfeife.
Höhe 0,11 m.

632. 102 u. 103. Männliches und weibliches Figürchen.
Höhe 0,22 m.

633. 99. Reich drapiertes weibliches Figürchen, eine Ananas haltend, auf gewundenem Sitze, reizende Arbeit.
Höhe 0,12 m.

634. 123 u. 124. Schäfer mit Schäferin, die männliche Figur etwas beschädigt.
Höhe 0,18 m.

635. 139. Weisses Figürchen, Dudelsackbläser, in zopfigem Kostüme, sehr hübsches Stück.
Höhe 0,13 m.

636. 147. Weibliches Figürchen mit Putte, das Ganze als Porte-Fleurs, weiss. (Abb. Gruppe IX.)
Höhe 0,28 m.

637. 163. Imitierte Chinesenfigur aus irgend einer Thüringischen Fabrik.

638. 164. Kinderfigürchen, beschädigt, aber sehr hübsch.
Höhe 0,13 m.

639. 25. Kleine Vase mit erhabenem Blumen-Muster, durchbrochene Arbeit, mit Rose als Knopf auf dem Deckel.
Höhe 0,12 m.

640. 27. Flacon mit Deckel, mit Schäferscenen.
Höhe 0,10 m.

641. 9, 11 u. 16. Sechseckige Deckelvasen in Bristolporzellan mit Malereien in chinesischem Styl. (Abb. bei Nr. 16 (10) S. 12.)
Höhe 0,38 m.

642. (28) Fächerhalter mit sehr feiner Malerei, in Metallmontierung.
Höhe 0,18 m.

643. (96) Service, bestehend aus Platte mit zwei Kännchen; Decor weiss mit blauem Rande und bunten Blumen, sowie figürlichen Scenen nach Boucher in Rot.

644. (148) u. (149) Bauchige Flaschen mit Tiermalereien.
Höhe 0,25 m.

645. (166) Viereckige Flasche mit farbigem Blumendecor.
Höhe 0,12 m.

646. (172) Teller in weiss mit Reliefornament und durchbrochenem Rande.
Durchmesser 0,26 m.

647. (185) Innen vergoldete weisse Tasse mit plastischer Perlschnur und goldenen Festons.
Höhe 0,07 m.

648. (79) Tasse m. Untersatz, reich vergoldet, Empire.

649. (101) Griffe von drei Messern, drei Gabeln und einem Butterlöffel.

650. (102) Bestecke, ganzes Service, bestehend aus je sechs Messern, Gabeln und Löffeln, vergoldetes Silber m. Porzellangriffen in Lederetui.

651. (105) Messer und Gabel in Etui mit Porzellangriff, die letzteren mit reizenden figürlichen Scenen bemalt. (Siehe Abb.)

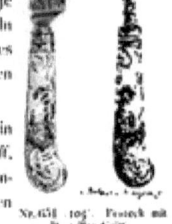

Nr. 651 (105) Besteck mit Porzellan-Griff.

652. (195) Spazierstock mit farbigem Porzellangriff, Kopf mit Helm, dieser mit langem Federschmuck.

XVI. Orientalisches Porzellan.

653. 29. Grosse chinesische Deckelvase mit blauem Decor auf weissem Grund.
Höhe 0,77 m.

654. 72. Leuchter mit Teller, mit später dazu gesetzter Rokokomontierung in vergoldeter Bronce.

655. (75) Rechteckige Schale (alt China).
Länge 0,20 m, Breite 0,10 m.

656. (87) Theekanne.

657. (126) u. (127) Deckelvasen mit Messing montiert als Doppelleuchter mit Blumendecor, in der

Montierung die Porzellanblumen europäischen Ursprunges. 18. Jahrh. (Abb. bei Gruppe XII.)
Höhe 0,23 m.

658. (150) Chinesische Vase mit farbigem Decor, am Halse plastische Drachen.
Höhe 0,25 m.

659. (151) u. (152) Chinesische Vase in Craquelé mit farbigem Decor und plastischem Schmuck am Halse.
Höhe 0,16 m.

660. (153) u. (154) Chinesische Figur mit buntem Decor.
Höhe 0,21 m.

661. (155) u. (156) Männliche und weibliche Figur.
Höhe 0,23 m.

662. (157) — (162) Kleine chinesische Genrefigürchen. [(158) siehe Schlussvignette dieses Abschnittes.]
Höhe durchschnittlich 0,10 m.

663. (188) Schale, Decor blau, rot und Gold, mit Zeichen
Höhe 0,07 m, Weite 0,145 m.

664. (189) Hohe Kanne mit Deckel und Henkel, Decor vorherrschend rot, wenig blau und etwas Gold.
Höhe 0,17 m.

665. (190) Fünf Tassen mit figuralen Darstellungen in rot, schwarz, blau und Gold, zwei davon beschädigt.
Höhe 0,06 m.

666. (191) Schale mit Fuss, Decor in Gold, rot, schwarz und blau.
Höhe 0,105 m.

667. (192) Geriefte Theekanne mit Blumendecor in blau, rot und wenig Gold.
Höhe 0,11 m.

668. (193) Schale mit Deckel und Knopf, Decor in rot, blau und Gold.
Höhe 0,11 m.

669. (194) Schale mit Reliefmalerei, blaues Porzellan mit Decor in rot, grün, braun und blau.
Höhe 0,07 m, Durchmesser 0,145 m.

670. (195) Untersatz mit figuraler Decoration in schwarz, blau und rot.
Durchmesser 0,21 m.

671. (196) Detto.

672. (197) Tasse mit Untertasse, Decor weiss mit braun.
Höhe 0,035 m, Untertassen-Durchmesser 0,12 m.

673. (198) Sechs Teller mit reichem naturalistischem Blumendecor in rot, grün, gold und weiss en relief. Einer davon beschädigt.
Durchmesser 0,24 m.

674. (199) Service: Vierzehn Teller, achteckig mit Blumen und Vögeln, Decor in rosa, rot, braun, grün, blau und Relief-weiss. Davon drei beschädigt, ein fünfzehntes komplett in Scherben vorhanden.
Durchmesser 0,215 m.

Dazu gehörig in gleichem Decor zwei tadellos erhaltene Platten von gleicher Form.
Durchmesser 0,30 m.

Nr. 680 (?). Kindergruppe in Biscuit.

675. (200) Zehn runde Teller mit vorwiegend rotem Decor, ausserdem Gold und Blau.
Durchmesser 0,22 m.

676. (201) Service: Zweiundzwanzig runde Teller mit abgeteilten Feldern am Rande, im Boden landschaftliche Darstellungen, durchweg das nämliche Muster.
Durchmesser 0,23 m.

Dazu gehörig: Zwei grössere Teller von gleichem Decor.
Durchmesser 0,25 m.

Zwei Platten.
Durchmesser 0,315 m.

Zwei Platten.
Durchmesser 0,35 m.

Eine Platte.
Durchmesser 0,39 m. (Abb. auf Gruppe V unten.)

202 Grosse Platte, Prachtstück; Decor grosse Blumen in rot, blau und Gold. (Abb. Gruppe V.) Durchmesser 0,45 m.

678. 203.–207 Runde Schalen mit farbigem Decor, eine davon beschädigt. Im Durchmesser variirend 0,21–0,28 m.

XVII. Biscuit

2 Grosse Porträtbüste mit Perrücke und Zopf, über der Brust Kürass, auf geschweiftem, glasiertem, dreiseitigem Sockel, mit der Marke Berlin, ausserdem bezeichnet C. M. Ausgezeichnete und tadellos erhaltene Arbeit. Abb. siehe Abt. Möbel, Seite 10, auf dem Tische No. 43 (?). Höhe der Büste allein 0,33 m. Gesamthöhe 0,62 m.

13 Kindergruppe bacchischen Charakters mit Ziegenbock; Stempel: Niederville. Untersatz schwarz und farbig mit der Niederweiler Marke Custine. Siehe Abb. S. 63. Höhe mit Postament 0,28 m.

681. 52. Figurengruppe, Amor und Psyche darstellend, sehr gute Arbeit, ohne Zeichen. Höhe 0,40 m.

682. (118) Männliche Engelsfigur, die rechte Hand an den Mund legend.

683. (119) Pendant hiezu: Weibliche Figur mit Bogen (Amor und Psyche). Höhe 0,23 m.

684. (125) Figurengruppe, Schäfer und Schäferin mit Amor, der den beiden Rosen beut. Schöne Arbeit ohne Marke. Höhe 0,24 m.

Nr. 682 158. Sitzende Figur

Gruppe IV.

Glas

(Siehe Gruppenbild Nr. XIII.)

685. (60) Feines Venetianer Kelchglas mit blauem freistehendem Ornament am Fusse, etwas beschädigt.
Höhe 0,185 m.

686. (61) Feines Venetianer Kelchglas mit Metallfuss, durchbrochenem Ständer und Rubinglas-Cuppa, sehr schönes Stück, der ergänzte Fuss alt. (Siehe Abb.)
Höhe 0,19 m.

687. (62) Zwei grosse Venetianer Kelchgläser mit weissen, rautenförmig angeordneten Spiralfäden und getriebenen silbernen Füssen in reicher Ornamentierung (alt). Sehr schöne Stücke. (Siehe Abb.)
Höhe 0,385 m.

688. (48) Zwei hellgrüne Römer, gerieft mit Glastropfen, deutsche Arbeit, sehr schön erhalten.
Höhe 0,14 m.

689. (49) Grosser Römer von hellgrünen Glase, gerieft. Sehr schönes Stück, vorne ein Glastropfen.
Höhe 0,16 m.

Mundgläser, Pokale und Humpen,

dem 17. und vorzugsweise dem 18. Jahrhundert angehörend.

690. (1) Kleiner Pokal mit Deckel und eingeschliffenem Wappen.
Höhe 0,19 m.

691. (2) Kelchglas mit eingeschliffenem Portrait der Kaiserin Maria Theresia und Inschrift: M. Th. Reg. Ung.
Höhe 0,19 m.

692. (3) Deckelpokal mit Vergoldung und Namenschiffre.
Höhe 0,26 m.

693. (4) Geschliffenes Glas mit allegorischer Darstellung der Jahreszeiten.
Höhe 0,19 m.

694. (5) Deckelpokal mit eingeschliffenem Monogramm und Darstellung: einerseits: Ein Ordensstern mit Unterschrift: RESTAVRATIO anderseits: PRO FIDE LEGE REGE ORDINIS.
Rückwärts: eingeschliffenes Wappen.
Höhe 0,32 m.

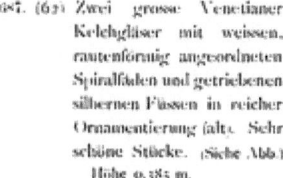

Nr. 687 62.

Nr. 694 5.

733. (52) Geblasenes Kelchglas mit Deckel und Wappen an der Cuppa.
Höhe 0,30 m.

734. (63) Suite von 15 gerade geschliffenen, sehr feinen Gläsern mit leichten Goldornamenten und vergoldetem Rande; neun kleinere von gleicher Länge und vier weitere, darunter zwei ziemlich grosse.
Höhe der kleinen Gl. 0,065 m, der grössten 0,100 m.

735. (64) Mundglas, gerader Schliff mit eingeschliffenem Wappen und Goldrand.
Höhe 0,17 m.

736. (24) Lädiertes Zierglas mit senkrechtem Mittelstift, auf welchem ein Reiter befindlich. Deutsche Arbeit des 18. Jahrh. (Spielerei.)
Höhe 0,22 m.

737. (36) Glashumpen mit Henkel, abhebbarem Deckel und Goldornamenten.
Höhe 0,23 m.

738. (57) Glashumpen mit Henkel und abhebbarem Deckel, eingeschliffenen und vergoldeten Ornamenten, vorn ein Segelschiff mit Initialen A. K.
Höhe 0,24 m.

739. (58) Geriefter Rubinglashumpen mit Deckel, laut Authentica aus Kloster Laupheim.
Höhe 0,18 m.

740. (59) Rubinglashumpen mit Henkel und Klappdeckel, letzterer geschnitzter Hirschhorn-Augensprosse mit gut geschnitzten Tieren. Auf dem Drücker Rehaugensprosse mit sitzendem Hund.
Höhe 0,14 m.

741. (69) Geschliffener Henkelhumpen mit abnehmbarem Deckel.
Höhe 0,21 m.

742. (70) Humpen, aus drei Teilen bestehend (geblasen), Deckel mit eingeschliffenem Ornament.
Höhe 0,45 m.

743. (31) Untersatz mit drei kleinen, goldumränderten Henkelgläschen.

744. (32) Viereckige Krystallflasche mit eingeschliffenen Ornamenten, chines. Figuren und Blumen.
Höhe 0,17 m.

745. (33) Böhmische Glaskanne mit Henkel, eingeschliffenem Ornament und Zinndeckel.
Höhe 0,26 m.

746. (34) Detto.
Höhe 0,30 m.

747. (44) Sechsseitige Flasche aus Krystallglas mit sehr schönen Blumenfüllungen in streng ornamentaler Anordnung in den einzelnen Feldern. Auf dem Halse Metallkapsel mit Monogramm.
Höhe 0,18 m.

748. (51) Zwei geschliffene Krystallflacons mit Glasstöpseln und Goldrändern, einer davon etwas beschädigt.

749. (105) Kleines geblasenes und gedrehtes Fläschchen.
Höhe 0,11 m.

750. (73) Glasfläschen mit aufgelegtem plastischem Ornament, auf vier Füssen stehend, mit Stöpsel.
Länge 0,20 m.

751. (68) Grosse viereckige Krystallflasche mit abgeschrägten Ecken und Glasdeckel an Kette, geschliffen. Auf dem Bauche: Madonna, darüber Bischofsmitra auf der Vorderseite. Rückseite: Wappen mit drei Bäumen auf drei Hügeln. Auf den Schmalseiten Monogramm mit Krone darüber; entsprechende Seite: das nämliche Wappen mit Bäumen. Sehr schönes Stück, Ende d. 18. Jahrh.
Höhe 0,33 m.

752. (72) Viereckige Flasche mit verschraubbarem Zinnverschluss und Namenszug.
Höhe 0,23 m.

Nr. 752 (72).

753. (75) Viereckige geschliffene Flasche.
Höhe 0,21 m.

754 70 Runde geschliffene Flasche mit Golddecor
         und Glasstöpsel.
         Höhe 0,8 m.

755 77 Viereckige geschliffene Flasche mit verschraub-
         barem Stöpsel.
         Höhe 0,1 m.

756 72 Runder Glasteller mit concavem Portrait eines
         Fürsten in Harnisch und Perücke.
         Durchmesser 0,15 m.

Gläser mit Bemalung.

757 23 Cylindrisches geblasenes Glas mit
         geschwoffem Fusse und rückwärts
         metrischer Eintheilung, mit farbigem
         Wappen von Chursachsen und
         Namenszug darin; oben die Initialen
         J. G. D. D. S. O. Anfang d. 18. Jahrh.
         Höhe 0,245 m.

758 40 Cylindrisches Glas mit Malerei in weiss, General
         mit Kommandostab zu Pferde und Spruch:
             Unverzagt
             mit Gott gewagt
             1696

759 18 Bemalter Glashumpen, Hochzeitsglas, mit
         verschlungenen Händen, einer männlichen

Figur in blauem Rock, den Becher hebend,
und einer weiblichen in blauer Jacke, Haube,
Schürze und rotem Rock, Blumen haltend.
Rückwärts der Vers:
    Mein Hertz und Dein Hertz
    Soll sein Ein Hertz, wer
    das thut brechen
    wirt Gott rechnen.
         1730.
Sehr schönes Stück, Fichtelberger Fabrikat.
Höhe 0,15 m.

760 47 Grosse achtseitige farbig bemalte Flasche
         mit männlicher und weiblicher Figur wie
         beim vorigen, nur Farben der Kostüme ver-
         schieden. Auf den Schmalseiten steht:
             Unsere lieb und treu soll beständig
             blaib. J. H. G.
             So lang uss Gott will gönen dass wir
             Beysamen sein können. A. G. G. 1732.
         Sehr schönes Stück. (Abb. siehe Gruppe XII.)
         Höhe 0,225 m.

761 3   Kleines Glas mit Bemalung: verschlungene
         Hände und Spruch: Vivat mein Schatz.
         Höhe 0,05 m.   datiert 1736.

Malerei

Emailarbeiten

Nr. 762 (1) Limoges-Platte.

762. (1) Limousiner Arbeit mit Goldfolien, Christi Fusswaschung, in 4 Farben (blau, grün, gold und braunrot), sehr vorzügliches Stück. (Siehe Abb.)

763. (6) Limousiner Arbeit, kreisrund mit erhabenem Rand; bekränzter, bärtiger Männerkopf in grau auf blauem Grunde.
Durchmesser 0,095 m
0,14 m breit, 0,18 m hoch

764. (2) Rahmen mit sechs ovalen Emailbildern auf weissem Grund (Kupfer), drei davon Scenen aus der Passion darstellend, bezeichnet Jo. G. prister pinxit. Die drei anderen: St. Martin, Madonna und Darstellung der Transsubstantiation, mit zahlreichen Figuren weltlicher und geistlicher Würdenträger.

765. (3) Rähmchen mit drei genrehaften Darstellungen nach Teniers, rötlich auf weissem Emailgrund. (Dosendeckel) (Siehe Abb.)

766. (4) Portrait eines Fürsten in Harnisch mit blauem Mantel und Allonge-Perrücke auf Kupfer, vorzügliche Arbeit, oval,

Nr. 765 (3) Dosendeckel in Email

in getriebenem Originalrahmen, welcher oben die Initialen:
W. S. D. S. S. E. G. S. D. D. Z. C. L.
unten: *G. A. W. H.* trägt. (Siehe Abb.)
Höhe 0.12 m. Breite 0.03 m.

5) Damenportrait auf Kupfer.

7. a, b, c.

a) Theekanne mit Dille, weisse naturalistische Blumenverzierung mit etwas Gold auf dunkelblauem Grunde.
Höhe 0.11 m.

b) Zuckerdose mit Deckel von gleichem Decor, der Deckel als Schale benützbar.
Höhe 0.09 m.

c) Tasse mit durchbrochener Untertasse und Ausgussdille.
Höhe 0.065 m.

Nr. 766 (5). Portrait in Email.

Miniaturen
in Gouache und Oel.

(Suite von 12 Stück, teils Gouache-Malereien auf Elfenbein und Pergament, teils in Oltechnik ausgeführt, alle in der Sammlung zu einem Ensemble zusammengestellt.)

769. (a) Weibliches Portrait, Brustbild, stark dekolletiert, mit gelbem Mieder und roten bauschigen Ärmeln, durch die gepuderten, langlockigen Haare ein violettes Band gezogen, das Ganze auf grauem Grunde. In ovaler Form auf Elfenbein. Letztes Viertel des 18. Jahrh. Bezeichnet: Fuger fec.
Länge ohne Rahmen 0,067, Breite 0,04 m.

770. (a) Ovales weibliches Portrait auf Elfenbein, Brustsstück. Die Dame ist stark dekolletiert, trägt ein weisses Kleid, Lockenfrisur, darüber grossen roten Sammethut mit grüner Garnitur. Ende des 18. oder Anfang des 19. Jahrh. Auf der Rückseite die Bezeichnung: Her R. H^{ss} Duch. Frederica Sophia Charlotte.
Länge 0,065 m, Breite 0,05 m.

771. (a) Oval-Portrait der Prinzessin Maria Thérèse von Lamballe (ermordet am 3. September 1792 zu Paris), bekannt durch ihre Schönheit. Sie ist dargestellt mit einem durchsichtigen Mousseline-Ficha um den Oberkörper, stark gepuderter Lockenfrisur und blauen Federn im Haare. Die Malerei des anmutigen Kopfes von ganz hervorragender Schönheit, das Ganze von vortrefflicher Erhaltung, auf Elfenbein.
Länge 0,062 m, Breite 0,047 m.

772. (a) Oval-Portrait der Herzogin Caroline de Berry (Gemahlin des am 13. Februar 1820 von Louvel ermordeten Duc de Berry), Hüftstück. Die Herzogin ist dargestellt in stark ausgeschnittenem weissem Atlaskleide mit Bauschärmeln, turbanartigem rotem Kopfputze mit reichem Federnschmuck, reizende Erscheinung. Auf Elfenbein. Bezeichnet: Gérard.
Länge 0,062 m, Breite 0,047 m. (Siehe Nagler p. 106.)

773. (a) Weibliches Oval-Portrait Brustsstück: Dame in rotem Kleide mit Spitzeneinsatz, in gepuderter, perlengeschmückter Frisur. Auf der Rückseite Medaillon: Portrait einer Dame mit Kind, beide im Negligé, grau in grau gemalt. Auf Elfenbein.
Länge des vorder. Portraits 0,067 m, Breite 0,052 m.
„ „ Medaillons 0,034 m. „ 0,02 m.

774. (a) Ovales Damenportrait, Brustsstück; die Dargestellte in rotem, mit Spitzen besetztem Kleide und blauem Mantel, mit Edelsteinschmuck im Haare und am Kleide. Ende des 18. Jahrh. Auf Elfenbein.
Länge 0,052 m, Breite 0,043 m.

775. (a) Männliches Ovalportrait bezeichnet als „Kurfürst Max Emanuel", dargestellt in graubraunem Leibrocke mit roten Aufschlägen und reicher Silberverschnürung; auf dem Kopfe einen kleinen, dreieckigen Hut. Auf Perlmutter, in Ölfarbe ausgeführt.
Länge 0,036 m, Breite 0,027 m.

776. (a) Männlicher, bärtiger Kopf. Kostüm mit Spitzenkrause aus dem Ende des 17. Jahrhunderts; das Ganze von vorzüglicher Durchführung. In Öl ausgeführt, Material des Grundes nicht ersichtlich.
Länge 0,045 m, Höhe 0,035 m.

777. (a) Männliches Brustbild, bezeichnet als „Voltaire" (hat mit keinem der bekannten

Porträts des Philosophen Ähnlichkeit, ist aber an sich eine tüchtige, künstlerische Arbeit. Kostüm: Gestickter, schwarzer Leibrock mit Jabot, rotem, übergeworfenem Mantel und Allongeperrücke, vorzüglich erhalten. Auf Elfenbein.
Länge 0,00 m, Breite 0,04 m.

778. *7* Vorzügliches Oval-Damenportrait, im Kostüme Louis XV.; carmoisinroter Rock, stark ausgeschnitten. Um den Hals trägt die Dargestellte ein mächtiges Perl-Kollier, die Ohrringe zeigen ebenfalls grosse Perlen, das zu hohem Toupé aufgekämmte Haar ist durch eine Rose geschmückt. Ausserordentlich geistvoll gezeichnet und gut erhalten. Auf Elfenbein.
Länge 0,38 m, Breite 0,30 m.

779. *7* Ovales Damenporträt, Brustbild, bezeichnet als: Katarina II. Imperatrix Russ. Anh. Zerbst, age 20. Ausserordentlich fein gezeichnetes, künstlerisch tüchtiges Stück. Die Monarchin ist dargestellt in grauem Atlaskleid mit Spitzenbesatz, grossem Ordensstern und Band, mit Hermelinmantel. Im Haare und um den Hals reiche Perlketten und detto Ohrgehänge, die Frisur zu hohem Toupé arrangiert. Auf Elfenbein.
Länge 0,05 m, Breite 0,038 m.

780. *7* Ovales Damenporträt auf braunrotem Grunde im Kostüm des 17. Jahrh., Brustbild. Der Rock von blauer Farbe, Frisur mit herabhängenden Locken, tüchtige Arbeit. Bezeichnet: Lagrange. In Öltechnik auf Kupfer gemalt.
Länge 0,068 m, Breite 0,05 m.

781. (2) Ebenfalls als Ensemble geordnet:

7 Kreisrundes Porträt der Marquise de Pompadour, Brustück, mit entblösstem Oberkörper, die Haare, durch welche sich ein rotes Band zieht, grau gepudert und mit Blumen geschmückt, links ein roter Vorhang, äusserst üppige, sinnliche Erscheinung, tüchtige, künstlerische Arbeit. Auf Elfenbein.
Durchmesser 0,050.

782. *7* Kreisrunde, gut gestimmte Gouache-Landschaft auf Elfenbein, darstellend ein Gehöfte mit herbstlichen Bäumen, hoher Luft. Im Vordergrunde Bauerngruppen Mitte des 18. Jahrh., sehr gut erhalten.
Durchmesser 0,065 m.

783. *7* Kreisrundes Damenporträt, Hüftstück im Kostüm der Direktorial-Zeit; Musselinkleid mit Spitzeneinsatz und aufgelöstem, lockig fallendem Haare, den Kopf auf die linke Hand gestützt, in welcher sich ein Notenblatt befindet. Auf Elfenbein.
Durchmesser 0,06 m.

784. *7* Ovales Damenporträt in Öltechnik, Kostüm: Blaues Kleid, Perlenkollier und Lockenfrisur, 19. Jahrh.
Länge 0,068 m, Breite 0,05 m.

785. (3) *7* Viereckiges Porträt der Kaiserin Maria Theresia. Die Monarchin ist dargestellt in grauem, blau ausgeschlagenem Atlasgewande. Mit der Rechten weist sie auf ein Porträt ihres Gemahls, mit der Linken hält sie den faltigen Mantel. Das Haupt bedeckt eine Krone. Über der Figur reiche Draperie. Auf Elfenbein gemalt.
Grösse im Lichten: Höhe 0,11 m, Breite 0,08 m.

786. *7* Porträt eines Monarchen in Feldrüstung mit Hermelinmantel und breitem, orangefarbigen Ordensband (Friederich Wil-

Nr 786 4°

helm 1.?). Über der Linken, welche einen Helm hält, Überschlag des rot gefütterten Hermelinmantels, das Ganze auf dunkelblauem Luftgrunde. Bezeichnung: H. Gérard pinx. Höhe (im Lichten) 0,085 m, Breite 0,065 m.

787. (4) Vorzügliches Porträt Friederich d. Grossen, Hüftstück. Kostüm: dunkler Leibrock, darüber Band des schwarzen Adlerordens,

Nr. 787 4.

unten ein Stück des Hermelinmantels, der Kopf mit dreieckigem Hute bedeckt, ³/₄ nach rechts gewendet, die Linke niederhängend, die Rechte auf den Kommandostab gestützt, dahinter rechts ein Zelt mit Königswappen, links Ausblick auf ein Feldlager mit kleinen Soldatenfiguren. Vorzügliche Arbeit. Bezeichnet (schwer leserlich): Samuel Baumeister (Augsburger Miniatur- und und Wappenmaler). Auf Pergament.
Länge 0,07 m, Höhe 0,055 m.

788. (5) Porträt Friederich Wilhelm I. in blauem Rock mit spitzenbesetztem Hute, gepuderter Perrücke, blauer Uniform mit roten Aufschlägen und reicher Stickerei, Band des schwarzen Adler-Ordens und Hermelin, vorzügliche Arbeit, Ölmalerei auf Elfenbein.
Höhe 0,10 m, Breite 0,07 m.

789. (6) Ovales Porträt König Max Joseph I. von Bayern, vorzügliche Arbeit, auf Elfenbein.
Grösste Achse: 0,035 m.

790. (7) Herrenporträt in grauem Überrock mit roter Weste, auf Pergament.
Höhe 0,11 m.

791. (8) Rahmen mit vier Männerporträts in Öltechnik, davon zwei im Kostüme des beginnenden 16. Jahrh.
Bezeichnet: Conradus Lebtes 152.
und Sebastianus Brand 1520.
Mit Monogramm des Lucas Cranach:

die beiden andern mit Inschrift:
Joachim II. Kurfürst von Brandenburg und Hans Sachs.
Grösse 0,09 m.

792. (11) Zwei ovale Portraits Friederichs d. Grossen und des Kaisers Joseph.
Längste Achse 0,06 m.

793. (12) Miniaturportrait auf Elfenbein, bezeichnet als „General Isolani". (?)
Grösse 0,09 m.

794. (13) Darstellung der Cleopatra, auf Elfenbein gemalt.
Länge 0,095 m, Breite 0,08 m.

795. (14) Portrait eines sitzenden, rauchenden Mannes. Kostüm: Braune Jacke und hoher schwarzer Filzhut; auf rotem Sessel unter einem Baume sitzend, in der auf eine Tischplatte gestützten

Nr. 795 14.

Linken eine lange, weisse Thonpfeife haltend, daneben Teller und Humpen, das ganze vorzügliche Arbeit. Aus dem Ende des 17. oder Anfang des 18. Jahrh. Auf Elfenbein.
Höhe 0,03 m, Breite 0,065 m.

796. (15) Männliches Portrait, bezeichnet als: Louis XIV, Roy de France. Kostüm: Gelber Sammetrock und Atlasweste, die Enden der Allongeperrücke in Knoten gebunden, die Rechte in sprechender Bewegung ausgestreckt, die Linke

Nr. 796 15.

auf die Hüfte gestemmt, und den kleinen Dreispitz gegen den Leib gepresst. Im Hintergrunde Fluss- und Baumlandschaft mit Hirschjagd. Ganz vorzügliches Stück von ausgezeichneter Ausführung und Erhaltung. Auf Elfenbein.

Länge 0,065 m, Breite 0,045 m.

Weibliches Portrait, Hüftstück, bezeichnet als: Vicomt. Dubarry. Das stark ausgeschnittene Obergewand ist stellenweise bedeckt durch

Nr. 797 16

einen Hermelinmantel; zur Seite ein gelb gemusterter Vorhang. Der üppige, runde Kopf ist von vorzüglicher Zeichnung und Durchführung. Auf Elfenbein.

Länge 0,072 m, Breite 0,05 m.

Männliches Portrait, Hüftstück in spanischer Tracht vom Ende des 16. Jahrhunderts, auf grünem Grunde. Um die Schultern legt sich ein kurzer, schwarzer Mantel mit grünem Seidenfutter; das reich gemusterte Wamms

Nr. 798 17.

hat senkrecht verlaufende, schwarze Atlasstreifen. Das jugendlich bartige Gesicht wird von schwarzem Barett mit weisser Feder sowie von einer weissen Halskrause eingerahmt. Die Linke ist auf die Hüfte gestützt, die Rechte hält einen gegen die Hüfte gestemmten Feldherrn-Stab. Über die Achseln und auf

die Brust niederfallend reiche Kette mit Medaillon, rechts oben gekröntes Wappen mit senkrechter und wagrechter Teilung (links oben und rechts unten rotes Feld mit gekröntem Vogel, die beiden andern zwei Felder mit rotem Diagonalbalken auf weissem Grunde), darunter Schriftband mit unleserlicher Devise, das ganze ein Stück von hervorragender Art, offenbar nach einem alten Originale in späterer Zeit kopiert. Auf Elfenbein.

Höhe 0,07 m, Breite 0,055 m.

799. (18) Männliches Ovalportrait aus dem Anfange des 19. Jahrhunderts auf blauem Grunde; Kostüm: weisse hohe Halsbinde, weisse Weste mit hohem Kragen und dunkelblauer Rock, die Rechte auf der Brust unter denselben gesteckt, das glattrasierte, trefflich gezeichnete und modellierte Gesicht von grauen Haaren umrahmt. Vorzügliche Arbeit. Auf Elfenbein.

Länge 0,06 m, Breite 0,04 m.

800. (19) Damenportrait aus dem dritten bis vierten Dezennium des 19. Jahrhunderts. Kostüm: das grüne, stark ausgeschnittene Kleid von einem rosa Fichu leicht bedeckt, Lockenfrisur und Ohrringe, das ganze auf blauem Lufthintergrunde. Auf Elfenbein.

Länge 0,083 m, Breite 0,061 m.

801. (20) Männliches Ovalportrait aus der zweiten Hälfte des 18. Jahrh., bezeichnet F. L. von Erthal (Fürstbischoff von Bamberg). Der dunkelblaue Sammetrock mit hohem Kragen hebt den hellgemalten Kopf mit gepuderter Frisur und gewickelten Schläfelocken vortrefflich. Die Gesichtszüge zeigen eine länglich ovale Gesamtform, scharfgeschnittene Details, der ganze Ausdruck ein ausserordentlich geistvoller. Die Malerei steht vollständig ebenbürtig zum Originale da. Auf Elfenbein.

Länge 0,19 m, Breite 0,072 m.

802. (21) Männliches Ovalportrait aus der zweiten Hälfte des 18. Jahrh. in schwarzgrauem Rocke mit Jabot auf blauem Grunde, die Haare gepudert und gekräuselt. Die Gesichtszüge mit dem Ausdrucke schelmischer Bonhommie sind vorzüglich gezeichnet und modelliert. Am unteren Rande etwas beschädigt. Auf Elfenbein.

Länge 0,065 m, Breite 0,055 m.

803. (22) Weibliches Ovalportrait, Bruststück, mit Frisur aus der Direktoriumszeit in violettem, stark ausgeschnittenem Gewande. Auf Elfenbein.
Länge 0,05 m, Breite 0,04 m.

804. (23) Männliches, kreisrundes Portrait in Form eines weissen Profilreliefs auf dunkelblauem Grunde mit Perrücke und Zopf, von vorzüglicher Durchbildung und Zeichnung, aus der Mitte des 18. Jahrh. Sehr gutes, tadellos erhaltenes Stück. Auf Elfenbein.
Durchmesser 0,075 m.

805. (25) Portrait auf achteckigem Karton, offenbar vom gleichen Künstler und das gleiche Original wie bei Nr. (23), jedoch in höherem Alter dargestellt, ebenfalls vorzüglich gezeichnet.
Länge 0,043 m, Breite 0,03 m.

806. (24) Familienscene (obscönes Vexirbild) in kleinem, hübschen Barockrahmen: Dame in Kostüm der Mitte des 18. Jahrh., stark decolletiert in hohem Lehnsessel, vor ihr ein Kind mit Platte in den Händen, daneben ein Mann in rot und blau gestreiftem Anzuge, einem Charlatan ähnlich, rechts Dienerin mit Haube und maschengeschmücktem Mieder. Auf Elfenbein.
Länge ohne Rahmen 0,07 m, Breite 0,045 m.

807. (26) Jugendlich männliches Ovalportrait, in blauem Rock, mit Perrücke, auf dunkelgrauem Grunde. Zeichnung des etwas stupiden Kopfes vorzüglich. Auf Elfenbein.
Länge 0,039 m, Breite 0,042 m.

808. (27) Längliches Ovalportrait eines Offiziers, Bruststück. Kostüm: dunkelblaue Uniform mit rotem Kragen und Ordensstern, auf Luftgrund, das Ganze in vergoldeter Kupferfassung. Zweites Dezennium des 19. Jahrh. Auf Elfenbein.
Länge 0,046 m, Breite 0,027 m.

809. (28) Männliches Ovalportrait, Bruststück, mit Perrücke, schwarzer Halsbinde, weissem, goldbordiertem Rocke, der Kopf sehr ausdrucksvoll gezeichnet und künstlerisch fein gemalt. Zweite Hälfte des 18. Jahrh. Auf Elfenbein.
Länge 0,03 m, Breite 0,024 m.

810. (29) Männliches Ovalportrait, Bruststück, aus der zweiten Hälfte des 19. Jahrh. in blauer Uniform mit rotem, silbergesticktem Kragen. Gutes Stück. Auf Elfenbein.
Länge 0,037 m, Breite 0,03 m.

811. (30) Doppelportrait, Mann und Frau darstellend, im Kostüm des 18. Jahrh., er in grünem Rocke mit offenem Kragen, sie mit schwarzem Rock und detto Haube. Auf Elfenbein.
Kreisrund, Durchmesser 0,028 m.

812. (31) Portrait der Dame von Nr. (30) im gleichen Kostüm.
Durchmesser 0,016 m.

813. (32) Männliches Ovalportrait mit Allonge-Perrücke und rotem Mantel, dahinter ein grüner Vorhang, etwas beschädigt. Auf Elfenbein.
Länge 0,03 m, Breite 0,024 m.

814. (33) Rundes Medaillon mit Amor. Auf Elfenbein.
Durchmesser 0,035 m.

815. (34) Blumenstück, Aquarell und Gouache auf Papier, bezeichnet Griller 1823.
Kreisrund, Durchmesser 0,08 m.

816. (35) Schale mit landschaftlicher Miniaturmalerei, auf Elfenbein.
Oval der Landschaft 0,07 zu 0,05 m.

817. (36) Untertuschtes, flott gezeichnetes Männerbildnis aus der Mitte des 17. Jahrh. Profil, Hüftstück. Der Kopf ziemlich durchgeführt, kurz geschoren mit starkem Schnurrbart, über der Achsel blaues Moirée-Ordensband mit Stern auf der Brust, die linke Hand mit Daumen in die Feldbinde gesteckt. Auf der Rückseite verwischte unleserliche Inschrift, deren letzte Buchstaben lauten . . . . inski. Auf Pergament.
Höhe 0,11 m, Breite 0,08 m.

818. (37) Malerei auf Pergament nach dem Ostade'schen Stiche: Der Händler, bezeichnet: Ostade (soll wohl heissen: Nach O).
Höhe 0,12 m, Breite 0,039 m.

819. (38) Portrait eines bärtigen Mannes mit Federbarett und geschlitztem, blauem Sammtwamms in Öltechnik auf Karton gemalt.
Höhe 0,085 m, Breite 0,065 m.

820. (39) Zwei Pendants, bez. Manzoder pinx. 1776, auf Elfenbein. 1. Venus und Amor darstellend, letzterer den Körper der Göttin enthlössend. 2. Saturn, dem Amor die Flügel beschneidend.
Höhe 0,08 m, Breite 0,07 m.

821. 40) Hagar und Ismaël, daneben der Engel des Herrn, bezeichnet: Antonius Hayler 1730 pinx.
Länge 0,15 m, Breite 0,07 m.

822. 41 u. 42. Heiliger Franziskus und Hl. Georg. 18. Jahrh., in reicher Umrahmung von Flitterwerk, Muranbsatz.
Höhe 0,28 m, Breite 0,23 m.

823. (43) Titelblatt zu einem Buche, auf Pergament; oben Hauptdarstellung, Anbetung der Weisen, unten die Königin von Saba vor David, in den vier Ecken Cartouchen mit unverständlichen Symbolen. (Fünf Raben gegen die Sonne fliegend, Kette vom Himmel niederhängend, Sonnenblumen in Landschaft, Baumstamm.)
Höhe 0,23 m, Breite 0,17 m.

Silhouetten.

824. 9) Rahmen mit sechs Portraits (Silhouetten), Bruststücke, zum teil mit Anwendung von Farben am Gewande, davon drei bezeichnet: J. L. Kreul pinx 1720. Ganz vorzügliche Arbeiten.
Grösse durchschnittlich 0,08 m Höhe.

825. 10) Schwarze Silhouette auf rosa Grund, darstellend eine Dame im Kostüme Louis XVI. mit grossem Federhut, langem Sonnenschirm, vor einem Vogelkäfig stehend, bezeichnet: Marie Antoinette 1789. Mit Namen des Künstlers: G. Döring 89.
Höhe 0,17 m, Breite 0,09 m.

826. 38. Silhouette eines geistlichen Herrn in Kniehosen und schwarzem Rocke mit Orden, in einem Saale stehend, ein Buch in der Hand, das Ganze hinter Glas gemalt. Die umgebende Architektur von allerprimitivster malerischer Wirkung. Mit Inschrift: „Dem hochw. Herrn Domvicar Bernhard Ott gewidmet".
Länge 0,43 m, Höhe 0,32 m.

827. (39) Silhouette einer Dame in grossem Federbarett und Kostüm Louis XVI., welche eine vor ihr stehende Blumenvase bekränzt; links oben Plaquenleuchter mit zwei Armen. Bezeichnet: Josef Anton Hess fe. (Auf Rückseite einer Glasscheibe mit Goldgrund.)
Höhe 0,30 m, Breite 0,23 m.

828. (79) Zwei Silhouetten hinter Glas mit unterlegtem Goldgrund, Familienscenen darstellend, Damen mit Kindern u. Herren im Kostüme Louis XVI. mit dazu passendem Rahmen. Die Profile der einzelnen Personen von ausserordentlich scharfer Charakteristik, die umgebende Architektur äusserst schablonenhaft.
Länge 0,44 m, Breite 0,29 m.

829. (80) Silhouette unter Glas; die Scene darstellend, wie Fürstbischof Franz Ludwig von Bamberg den Vortrag seines Geheimrats Pflaum entgegennimmt. Der Kirchenfürst ist stehend dargestellt, mit übergeschlagenem Bein, eben im Begriffe, eine Prise zu nehmen. Beide als typische Figuren vorzüglich charakterisiert.
Länge 0,50 m, Breite 0,38 m.

815. (2) LUCAS CRANACH. — Portrait.

Bilder

Anmerkung: Durch ein Versehen der Druckerei erhielten die Vollbilder:
(2)
(3) } Portraits von Lucas Cranach
(1) Madonna von Schäuffelein
falsche Nummern und gilt für (2) 830, (3) 831, (1) 832.

LUCAS CRANACH.
1472—1553.

830. (2) Männliches Portrait (im Kataloge der Finke'schen Sammlung bezeichnet als: Johann Friedrich von Sachsen, Nr. 831 (3) als dessen Gemahlin). (Siehe Abb. nach S. 80.)
Bezeichnet:

1529

Höhe 0,60 m, Breite 0,41 m.

Th. Frimmel äussert sich über dieses wie das nächste Bild folgendermassen:

Zunächst sind es zwei, fast lebensgrosse Bildnisse von Lucas Cranach dem Älteren, die durch ihre Lebenswahrheit, Lebensfülle und sorgsame Durchbildung fesseln. Wer dargestellt ist, etwa aus dem Kreise der Sachsen-Weimarschen Fällen, vermag ich heute mit Bestimmtheit nicht zu sagen. Wäre das Wappen auf dem Siegelring des dargestellten vornehmen Herrn genau zu unterscheiden, so hätte man's wohl. Die Bilder seien den Kennern der Weimarer Geschichte des 16. Jahrhunderts zum Studium empfohlen. Es sind Gegenstücke, Mann und Frau. Er, im besten Mannesalter, sie gleichfalls von blühendem Aussehen. Wie man auch auf der Abbildung andeutungsweise sieht, ist das Bildnis des vornehmen Unbekannten links im schwarzen Grunde datiert und monogrammiert. In hellgelben, feinen, sauberen Zügen steht Cranachs geflügelte Schlange (mit aufgerichteten Flügeln und mit dem Kopf nach rechts) hingesetzt. Darüber liest man die Jahreszahl 1529. Durch diese allein, eine ziemlich frühe Zahl auf Cranachs Bildern, wären die zwei Tafeln interessant genug, auch wenn sie nicht wegen ihrer vortrefflichen Erhaltung und der frischen Unmittelbarkeit der Auffassung zu den besten Leistungen des älteren Cranach zu setzen wären. Die beiden Bilder kamen in den sechziger Jahren in Buchner'schen Besitz und waren vorher in der Finke'schen Sammlung zu Bamberg.

Höhe 0,60 m, Breite 0,41 m.

LUCAS CRANACH.
1472—1553.

831. (3) Weibliches Portrait (zum vorigen Nr. (2) gehörend). Von gleichen Dimensionen. (Siehe Abb. nach S. 82.)

HANS LEONHARD SCHÄUFFELEIN.
1480, gestorben 1539/40.

532. 1. **Madonna mit dem Kinde und Johannes der Täufer.** Die Mutter Gottes in blauem Gewande mit rotem Überwurfe in edler Haltung. Der Ton des Ganzen ungemein warm. Ölmalerei auf Holz (rückwärts Rost), vorzüglich erhalten und bezeichnet: (Siehe Abb. nach S. 84.)

Der bei voriger Nummer citierte Gelehrte äussert sich über dieses Bild wie folgt:

Kaum von geringerem Interesse als diese beiden Bildnisse von Cranachs Hand ist eine Maria mit dem kleinen Christus und Johannes, eine grosse Tafel, die durch das Monogramm HsL und die darunter gesetzte kleine Schaufel deutlich genug als Werk des Dürergenossen Hans Schäuffelein gekennzeichnet ist. Die Datierung mit 1517 (unter dem Handzeichen) lässt es uns als eine Arbeit der reifen Zeit des Künstlers erkennen. Es verrät in vieler Beziehung alle Eigentümlichkeiten Schäuffeleins, von der etwas plumpen Formengebung bis zur eigenartigen Behandlung des Haares, dessen schwere und steife Massen ebenso durch hellgelbe wie durch schwarze hineingezeichnete Züge belebt werden. Die Landschaft ist stilvoll behandelt und lässt den Gedanken aufkommen, dass der Nürnberger neben Dürer gelegentlich auch einige Italiener mit Aufmerksamkeit betrachtet hat. Italienische Stiche dürften es gewesen sein. Unter den bekannten Werken Schäuffeleins scheint ein Christus auf dem Ölberg von 1516 in der Münchener Pinakothek der Madonna bei Buchners am nächsten zu stehen.

Nebst der älteren Literatur über Schäuffelein, die für Lexika und Handbüchern angewandt werden ist, möchte ich hier auf die vortreffliche Charakteristik der Schäuffeleinschen Art zu zeichnen aufmerksam machen, die S. Lauchitz zum Glückbuch der Kunstsammlungen des A. H. Kaiserhauses gegeben hat. X. Bd. S. 116. Auch die Einleitung der Neuausgabe des Theuerdank des neuen Jahrbuch Bd. VIII. ist beachtenswert, auch M. Kalbes: deutsche Buchillustration S. 300 ff.

Höhe 0,85 m. Breite 0,60 m.

PAOLO MORANDA, gen. CAVAZZOLA.
1486—1522.

533. 4. **Darstellung der Judith**, bezeichnet als Giorgio Barbarelli (Giorgiones). Der treffliche Kenner alter Malerei, Dr. Bayersdorfer zu München, erklärt dasselbe mit Bestimmtheit als einen Paolo Moranda, gen. Cavazzola, dessen Bilder nach der Aussage des obigen Gelehrten fast durchschnittlich als Giorgione'sche Werke gelten. Das Ganze von äusserst edler Haltung und vortrefflich conserviert.

Die Figur stellt Judith dar, wie sie eben das Zelt verlässt, die rechte Hand, welche wahrscheinlich den Kopf des Holofernes hält, gesenkt, die linke, über welche eine Partie des violetten Mantels geschlagen ist und welche ein kurzes Dolchmesser hält, in Hüfthöhe. Der tadellos schön gezeichnete, edle Kopf, der in seinem ganzen Habitus an lionardeske Vorbilder erinnert, ist leicht nach links geneigt. Das Ganze ist ein vorzügliches Werk zu nennen, das sowohl seiner zeichnerischen als auch der malerischen Seite nach unter die guten Bilder der zweiten Hälfte des cinque cento zu zählen ist. Auf Leinwand in Barockrahmen. (Siehe Abb. nach S. 86.)

Höhe 0,85 m. Breite 0,65 m.

SAMMLUNG BUCHNER IN BAMBERG.

816. (3) LUCAS CRANACH. — Portrait.

Unbekannter Meister.

834. (5) **Portrait eines Mannes in der Art des Franz Hals.** Der Dargestellte hat Schnurr- und Knebelbart, in die Höhe gekämmte Haare, Spitzenkrause um den Hals und ein schwarzes, gemustertes Seidenwamms am Leibe. Auf Leinwand, vorzüglich erhalten. (Siehe Abb. nach S. 88.)
Höhe 0,62 m, Breite 0,49 m.

TIZIANO VECELLIO.
1477—1576.

835. (10) **Weibliches Portrait,** ähnlich demjenigen des Belvedere zu Wien, welches, als „Mädchen im Pelz" bezeichnet, ein unbezweifeltes Werk Tizians ist und die Eleonora Gonzaga darstellt. (Siehe Abb. nach S. 90.)
In der Zeitschrift für bildende Kunst, Band XIII. Jahrg. 1878, spricht sich M. Thausing folgendermassen über das in Wien befindliche Bild aus:

„Es handelt sich nämlich um die Behauptung, dass drei der herrlichsten Frauenbildnisse von Tizian in den öffentlichen Galerien von Florenz eine und dieselbe Persönlichkeit darstellen, nämlich die Herzogin Eleonora von Urbino. Den Ausgangspunkt bildet das Bildnis der gealterten Herzogin in der Galerie der Uffizien zu Florenz, das Seitenstück zu dem Portrait ihres Gemahls, des Herzogs Francesco Maria della Rovere. Das andere Bild ist die berühmte sogenannte „Venus von Urbino" in der Tribuna der Uffizien, das dritte die gefeierte „Bella di Tiziano" im Palazzo Pitti".
(Beweisführung hiefür in Burckhardts Cicerone.)
Alle drei Bildnisse stammen aus der Kunstkammer des Herzogs von Urbino. Thausing fährt dann fort:
„Doch noch ein viertes Gemälde von Tizian muss ich in die Betrachtung mit hereinziehen, da ich es für das frischeste, auf uns gekommene Bildnis derselben Herzogin Eleonora halte. Es befindet sich in der kaiserlichen Gemäldegalerie zu Wien. Die Identität der dargestellten Persönlichkeit mit der „Bella" im Palazzo Pitti hat schon Otto Mündler dargestellt, doch hat er seltsamerweise die Ächtheit des wunderbaren Bildes bezweifelt. Dagegen fällt Waagens Urteil: „Unter den verschiedenen Vorstellungen dieser Art von Tizian (er meint die sogenannten „Maitressen", wie man alle halbentblössten Frauenbildnisse des Meisters seit lange (ohne Grund) zu nennen beliebt) ist diese eine der vorzüglichsten. Die schöne Auffassung der schönen Züge, das graziöse, aber doch sehr natürliche Motiv, die sorgfältige Zeichnung der im vollen Lichte in einem klaren und lichten Goldtone fein modellierten Formen zeigen die frühere Zeit des Meisters (in der That setze ich das Portrait in eine sehr frühe Zeit Tizians, in eine Zeit, wo er noch durchaus nicht in weiteren Kreisen bekannt war) und ausserdem die Dargestellte noch in ersten jungfräulichen Alter stand, weshalb Thausing sie kurzweg „die Braut" nennt. Sie verlobte sich mit 12, verheiratete sich mit 16 Jahren ..... das sechzehnjährige, eben erblühte Mädchen bedarf keines erkünstelten Kleiderschmuckes. Sie hüllt sich nur notdürftig in einen violetten Pelzmantel von Samt mit Goldschnüren verbrämt, mit Zobelfell gefüttert und ausgeschlagen. Dieser Überwurf ruht auf ihrer linken Schulter; sie hat den einen Arm durch den kurzen Ärmel gesteckt und mit der Rechten den Pelz über die halbe Brust, auf der Linken über den Unterleib gezogen, so dass die beiden Arme und mehr als die Hälfte des Oberkörpers zwar völlig unbedeckt, aber ringsum von dem dunkeln Pelzwerke eingerahmt bleiben. Ja es scheint, als ob durch den schmalen Schlitz unterhalb des linken Ellbogens noch etwas von der Hüfte hervorquölle. Die Verzeichnung des Körpers, welche die allerdings vorausetzt, wäre eine Tizian immerhin zuzumutende malerische Freiheit. Jedenfalls ist dieser Pelzmantel ihr ganzes Um- und An. Und doch! Kann es etwas Züchtigeres, etwas Zarteres, etwas im edelsten Sinne des Wortes Vornehmeres geben, als die Art, wie dieses halb entblösste Mädchen dasteht? Ich rede nicht von den zahlreichen Perlschnüren, welche ihren Hals und ihren Scheitel schmücken, nicht von den grossen Smaragden und Rubinen an Ring und Armband. Die schlichte Haltung, der unendliche Liebreiz dieses frischen, schalkhaften Antlitzes, das betroffen und zugleich innglich erfreut vom Glanze der eigenen Schönheit dreinschaut: so schaut das junge Reh vom Waldessaume zum erstenmale in die sonnenbeglänzte, grüne Welt hinaus! Und das soll die Maitresse oder ein beliebiges Modell des venezianischen Malers und Bürgers Tizian Vecelli gewesen sein? ..... Und noch einmal hat Tizian das Bildnis Eleonoras gemalt und zwar in derselben Stellung und in einer ähnlichen, nicht minder unvollständigen Bekleidung. — Das einmal so glücklich entdeckte Motiv scheint mit Absicht und mit übertriebenem Aufwande noch einmal ausgebeutet worden zu sein. Das Gemälde befindet sich gegenwärtig — die Ächtheit vorausgesetzt — in leider sehr verschlossenem Zustande in der kaiserlichen Gemäldegalerie der Eremitage zu Petersburg. — Eleonora ist hier offenbar um einige Jahre älter. Von der kindlichen Fülle im Antlitz der Braut ist ein Teil geschwunden, das Grübchen im Kinn daher schon weniger bemerkbar. Auch der unschuldige, schhafte Blick, der dem Wiener Bilde einen so ganz einzigen Reiz verleiht, ist dahin. Gleichwohl herrscht hier etwa bloss eine allgemeine typische Ähnlichkeit zwischen beiden, sondern eine offenbar individuelle Kongruenz der Züge, es ist eine und dieselbe Persönlichkeit, die hier zweimal dargestellt ist" etc. etc. Soweit Thausing. Seine letzten Worte treffen in auffallender Weise bei dem Bilde der Sammlung Buchner zu. Die Stellung des Kopfes, der Augen, der Arme ist eine und dieselbe, nur stellt das Buchner'sche Bild eine Frau dar, deren Augen die Welt von einem etwas anderen Standpunkte aus betrachten, als es beim Mädchen der Fall ist; die rechte, entblösste Achsel

hat rundere, markiertere Formen, die Brust ist um ein unmerkliches voller, das Armband erscheint ebenso wie der untere Teil des Gewandes verschieden von dem Wiener Bilde. Die Ähnlichkeit des Kopfes mit dem Wiener Original ist unverkennbar, doch fehlt ihm der mädchenhafte Ausdruck, die Augen sind grösser, die Fülle der Wangen hat einer etwas weniger geschwellten Linie Platz gemacht, der Mund hat nicht mehr das jungfräulich schwellende, das Haar ist am Hinterkopfe nicht mehr gekräuselt, sondern liegt als festgewundener Zopf an, wodurch eine etwas spitzigere Form des Hinterkopfes entsteht, der Hals ist um etwas dünner geworden, daher denn auch der Ansatz der Perlschnur tiefer liegt, während es auf dem Wiener Bild direkt mit der Kinn-Linie korrespondiert. Die Kraft und Sattheit der Farbe aber ist nicht um Haaresbreite geringer, die Leuchtkraft und Vollheit sagt es deutlicher als alles andere, dass jenem, der dies Bild malte, die Tizian'sche Art geläufig war, dass er sie durch und durch verstand. Natürlich wäre es von äusserster Wichtigkeit, näheres über die Provenienz des Bildes zu wissen. Das zu untersuchen ist natürlich nicht Aufgabe vorliegender Zeilen. Das zu Wien befindliche Original stammt aus dem Besitze Karls I. von England und misst nach Thausings Angabe 3 Schuh 2 Zoll Wienermass auf 2 Schuh Breite.

Auf Leinwand: Höhe 1,00 m, Breite 0,68 m (also etwas differierende Maasse gegenüber dem Wiener Bild).

Unbekannter Meister.

826. 48. Darstellung der Geschichte der keuschen Susanna. Das blonde, diademgeschmückte Haupthaar der weiblichen Figur ist ebenso wie Oberkörper und Schampartie von einem dünnen Schleier bedeckt, über die Schenkel fällt in reicher Draperie ein rotes Tuch; Brüste und Unterleib sind entblösst, die linke Hand presst den Schleier gegen die Brust, die rechte, an deren Arm verschiedene Schmuckstücke sitzen, ist etwas emporgehoben, der jugendlich volle, hübsche Kopf leicht nach rechts geneigt. Hinten ihr zur Rechten ein Alter mit Barett, langem Bart und grünem Rocke mit roten Aufschlägen, die Finger der beiden Hände in aufzählender Bewegung übereinander gelegt, links von ihr, weiter rückwärts, der zweite alte Sünder, blossköpfig, in rotem Rock und grünem Mantel. Rechts ein Renaissance-Brunnen mit drei Becken und oben wasserspeiender Figur. Dürfte deutschen Ursprunges sein. Auf Holz gemalt mit Rost in prächtigem altem Rahmen. (Siehe Abb. nach S. 92.)

Höhe 0,78 m, Länge 0,95 m.

HANS WOLF.

827. 71. Doppelbild auf Goldgrund, rückwärts bezeichnet als herrührend von „Hans Wolf, fürstbischöflicher Maler in Bamberg". (Siehe Abb. nach S. 94.)

Bezüglich dieses ziemlich unbekannten Künstlers giebt Joseph Heller in dem Archiv für Geschichte und Altertumskunde des Ober-Main-Kreises, erster Band, 1837, pag. 94 folgenden Aufschluss: Hans Wolf wird vielfach irrtümlicherweise mit Hans Wolfgang Katzheimer, einem ebenfalls in Bamberg ansässigen Maler, verwechselt. Dieser kommt zum erstenmale gelegentlich einer Rechnungsstellung 1487 vor, malte die sogen. Bamberger-Fenster in der Sebaldus-Kirche zu Nürnberg, ein Altarblatt für die Kapelle bei Schloss Giech, machte den Entwurf für das von Peter Vischer gegossene, im Dom zu Bamberg befindliche Epitaph für Georg II., Marschall von Ebnet, Fürstbischof von Bamberg, zeichnete Illustrationen zu der bei Johann Pfeil in Bamberg 1508 erschienenen Bamberger Halsgerichtsordnung und ist wahrscheinlich auch in diesem Jahre gestorben. Hans Wolf dagegen kommt in den Bamberger Rechnungen von 1505–1538 vor, ist von Dürer gezeichnet worden, als dieser den Fürstbischof Georg von Limburg malte und hat mehrweislich verschiedene Zeitgenossen portraitiert. Heller bemerkt am Schlusse: „Bis jetzt ist mir noch kein Werk vorgekommen, welches dem Hans Wolf zuzueignen sein dürfte. Vielleicht sind wohl noch Gemälde von ihm vorhanden, die aber andern Künstlern zugeschrieben werden. Denn unter den Gemäldeliebhabern ist es nur zu gebräuchlich, dass Gemälde, deren Fertiger man nicht mit Bestimmtheit kennt, mit den nächsten besten, am liebsten mit vornehmen Künstlernamen belegt werden."

Dass die beiden fraglichen Gemälde nicht dem 16. Jahrhundert angehören, folglich nicht dem Hans Wolf zugeschrieben werden können, liegt klar auf der Hand, vertreten sie doch ihrem ganzen Habitus nach die Art Schongauers. Wenn sie denn also schon einem Bamberger Maler zugewiesen werden sollen, so dürfte der erstgenannte Hans Wolfgang Katzmeier vielmehr Anspruch darauf haben.

Die beiden Bilder zeigen:

a. Kreuzigung. Christus bartlos, ihm zur Seite die beiden Schächer, deren Arme über den Querbalken des Kreuzes gezogen sind. Unten links Maria in blauem, rechts Johannes in rotem Mantel. Blumiger Grund.

b. Pietà. Die Gottesmutter in langem, faltigem, blauem Mantel mit rotem Untergewand und Matronenkopftuch, hält den Leichnam zu Füssen des Kreuzes auf ihren Knieen. Baumlandschaft auf Goldgrund.

Höhe jedes Bildes 0,19 m, Breite 0,19 m, samt Rahmen zusammen: Länge 0,48 m, Breite 0,26 m.

SAMMLUNG BUCHNER IN BAMBERG.

817. (1) HANS SCHÄUFFELEIN. — Madonna mit dem Kinde.

Guido Reni. (?) 1575—1642.

838. (27) Darstellung einer Heiligen mit stark skurziertem Kopfe, die Linke auf die Brust gelegt, in der Manier des Carlo Dolce auf Kupfer gemalt, tüchtige Arbeit. Rückwärts bezeichnet als Guido Reni.

Höhe 0,32 m, Breite 0,22 m.

Passani.

839. (11) Venus und Adonis, Oelbild auf Leinwand aus dem 17. Jahrh., in der Art des Poussin gehalten. Die männliche Figur ist am Boden ausgestreckt, der Leib mit einem blauen Tuche halb zugedeckt; die Hände unter den Kopf geschlagen; die Göttin sitzt in grünem Gewande, mit entblösster Brust und aufgelöstem Haare etwas erhöht auf einem Felsen, den Blick nach oben gerichtet. Dahinter eine helle Wolke, weiter rückwärts weinende Genien. Die Haupthelligkeit ist auf die beiden nackten Leiber concentrirt. Bezeichnet rückwärts: Passani 1639.

Höhe 0,80 m, Breite 0,58 m.

Franz Floris de Vriendt. (?) 1517—1570.

840. (63) Caritas. Frau mit drei Kindern, Bruststück, mit Perlen im Haare, nach rechts geneigt, die Kinder mit Früchten in den Händen, auf Holz. Auf der Rückseite mit Kreide die Bezeichnung: Franz Floris.

Höhe 0,52 m, Breite 0,42 m.

Detto.

841. (72) Damenportrait mit durchbrochenem Spitzenkragen auf rotem Kleide, handdurchflochtene Haare mit Marabut-Federn. Hübscher, jugendlicher Kopf, rückwärts bezeichnet als: Floris. Auf Holz.

Höhe 0,305 m, Breite 0,245 m.

J. van Ostade. (?) 1621—1649.

842. (36) Portrait eines Mannes mit Schnurr- und Knebelbart, langem Haar und Pelzrock, die Linke auf eine Stuhllehne gelegt. Auf der Rückseite mit Bleistift angebracht die Bezeichnung: Ostade. Gutes Stück auf Holz.

Höhe 0,26 m, Breite 0,21 m.

David Vinkeboom (Vinck-Boons?). 1578—1629.

843. (86) Baumlandschaft mit Fluss, im Vordergrunde Diana mit ihren Gefährtinnen von Actaeon überrascht. Bezeichnet als „David Vinkeboom" (Vinck-Boons?). Sehr gutes Bild auf Holz.

Höhe 0,33 m, Länge 0,69 m.

Le Brun. 1619—1690.

844. (12) Weibliche Gewandfigur, Oelbild auf Leinwand, in halbkniender Stellung, der Kopf skurziert, der Blick nach den Wolken gerichtet, welche sich im Gemache über sie senken (woher denn zu entnehmen ist, dass das Ganze eine Darstellung der Io sei); der Leib ist mit wallendem blauem Mantel umgeben, unter dem sich ein faltiges, hellgrauviolettes Gewand zeigt. Zu den Füssen liegt umgeworfen ein Schmuckkasten, die Linke ruht auf einem Tische. Durch das Haar ist ein rotes Perlenband gezogen; rückwärts grüner Vorhang und Ausblick auf ein Schlossgebäude mit See. Die Gewandteile durchschnittlich vorzüglich gemalt. Auf der Rückseite bezeichnet als Le Brun. Auf Leinwand.

Höhe 0,58 m, Breite 0,41 m.

Balthasar Bock.

845. (17) Inneres eines Maler-Ateliers. Der Künstler in langem Rocke und roter Mütze, sitzt arbeitend vor einer grossen Landschaft, hinter ihm zwei weibliche Figuren, zu Füssen am Boden sitzend ein Knabe, welcher zeichnet; daneben einige Antiken und Tisch mit orientalischen Teppichen belegt. Rückwärts Ausblick in einen andern Raum, wo ein Mann erklärend mit erhobener Hand vor einer Dame hergeht. Auf der Rückseite bezeichnet: Balthasar Bock. Oelbild auf Leinwand.

Länge 0,66 m, Breite 0,59 m.

Joh. Kupetzky. 1666—1740.

816. 51 a. u. b. Zwei männliche Köpfe in orientalischer Tracht à la Rembrandt, mit Talar und turbanartiger Kopfbedeckung, bez. „Kupetzky". Auf Holz.
Höhe 0,27 m. Breite 0,23 m.

Detto.

817. 81 a. u. b. Zwei männliche Köpfe mit orientalischer Kopfbedeckung, bezeichnet: „Kupetzky", auf Holz.

Dorn.

818. 60. Mädchen, mit Nähen beschäftigt, am offenen Fenster, auf dem eine Katze sitzt und ein orientalischer Teppich liegt, in der Art des Mieris gehalten. Bezeichnet: Dorn 1820. Auf Holz.
Höhe 0,27 m. Breite 0,21 m.

Bilder unbekannter Meister.

819. 73. Votivbild. Links zwei kniende Ritter, rechts zwei kniende Frauen, die beiden Stücke zusammengesetzt, aber unzweifelhaft zusammengehörig, das Kruzifix in der Mitte erst später hinzugesetzt. Das Kostüm der Männer gehört in den Anfang des 16. Jahrh.; der eine trägt schwarz-weissen Röhren-Rock, Halsberg, ist unbärtig und von langlockigem Haupthaar. Die Hände hat er, wie die übrigen Figuren, gefaltet und hält damit den Rosenkranz. Vor ihm, ganz in gotischer Rüstung, eine weitere männliche Figur, ebenfalls unbärtig mit Lockenhaar. Auf dem entsprechenden anderen Teile vorne: kniende Frau mit Matronenhaube, dahinter eine zweite in gleicher Stellung mit Kopftuch. Rückwärts durch die Fenster Ausblick auf eine Landschaft.

Vorkommende Wappen:
Auf der männl. Seite: Auf der weibl. Seite:

das ganze auf Holz gemalt, offenbar ursprünglich als Predella benützt. Süddeutschen Ursprunges.
Länge 1,70 m. Breite 0,60 m.

820. 209. Darstellung eines Feldlagers und Gefechts. Vorne Kriegsknechte in der geschlitzten Tracht des ausgehenden 16. Jahrh., wie sie auf den Stichen des Heinrich Goltzius vorkommen, Arkebusiere in rot und weiss, gelb und blauen Hosen und Morion auf dem Kopfe. Im Mittelgrunde gegen geschlossene Aufstellung avancierende Truppen, rückwärts Lager. Ölbild auf Holz ohne Bezeichnung, dem Ende des 16. Jahrh. angehörend.
Länge 0,65 m. Breite 0,44 m.

821. 161. Kreisrundes, männliches Portrait auf Lindenholz, wobei Rahmen und Malfläche aus einem Stücke bestehen; das ganze von vortrefflicher Zeichnung; Spitzbart und schwarzer Knebelbart, Halskrause und geschlitztes, schwarzes Wamms mit Knöpfen, bezeichnet:

ANO 1623
Don: BARIAS

Durchmesser 0,11 m ohne Rahmen.

822. 171. Kreisrundes, männliches Portrait auf Holz von vorzüglicher Schönheit, bezeichnet als: „Charles IX. von Frankreich". Der Dargestellte, Bruststück, trägt Schnurr- und Knebelbart und kurzlockiges, braunes Haar, kurze Halskrause und dunkeln Harnisch, das Ganze auf grünem Grunde, vorzügliche Arbeit. Ohne Bezeichnung. (Abb. s. Gruppe XL)
Durchmesser des Portraitkreises 0,072 m, das ganze Brettchen 0,09 m in Quadrat.

823. 13. Violinspieler mit grossem Weinglas in der Rechten, den geröteten Kopf, auf welchem ein brauner Schlapphut sitzt, nach links gewandt. Um den Hals spielt eine zerrissene Krause, vorn offenes Hemd und zerrissenes Gewand, das letztere blau und geschlitzt, darüber ein schwarzer Mantel. Das Ganze in der Art der Niederländer des 17. Jahrh. Auf Holz ohne Bezeichnung.
Höhe 0,27 m. Breite 0,22 m.

824. 21. Darstellung des toten Christuskörpers, wie er, auf einem Leintuche ausgestreckt, von den Frauen und Engeln beweint wird. Links Johannes in grünem Rocke und rotem Mantel, sowie Maria, rechts Martha, ein Engel zu Häupten, ein zweiter solcher zu Füssen des Leichnams mit Salbenbüchsen.

Sammlung Buchner in Bamberg.

xca. (4) PAOLO MORANDA, gen. CAVAZZOLA. — Judith.

Italienisches Bild des 16. Jahrh. auf Holz ohne Bezeichnung in mehrfach verkröpftem Rahmen, der den Schluss zulässt, dass das Ganze ursprünglich ein Stück dekorativer Malerei aus einem Getäfel sei.
Länge 0,57 m. Breite 0,30 m.

855. (23) Heiliger Franciscus, die Hände über einen vor ihm liegenden Totenkopf gefaltet, braun in braun. Italienisches Bild auf Holz, dem 17. Jahrh. angehörend.
Höhe 0,31 m, Breite 0,205 m.

856. (24) Darstellung eines Feldlagers, Zelte mit Figuren, Reitern, Lasttieren im Style des Callot, auf Holz gemalt.
Höhe 0,15 m, Breite 0,23 m.

857. (25) Offenbar von der nämlichen Hand wie die vorige: Figurenreiche Darstellung eines Marktes am Ufer eines Flusses mit anlegenden Schiffen, Carossen, Reitern, Fischhändlern etc. Rückwärts eine Herberge mit Zechern, Bäume und Hügel mit Windmühlen. Das Ganze von ungemein frischer Haltung der Farbe. Ölbild auf Holz.
Höhe 0,27 m, Breite 0,41.

858. (28) Darstellung einer Ohrenoperation. Der Patient sitzend mit geballten Händen, der Arzt mit Spitzhut angethan in voller Thätigkeit. Hinten heulende Weiber, denen vorn einige Kinder bei dieser Beschäftigung helfen. Das Ganze in Lasurtechnik auf Holz mit durchgehend rötlichem Tone. Offenbar niederländischen Ursprunges.
Höhe 0,33 m, Breite 0,22 m.

859. (35) Portrait eines bärtigen Mannes, Brustbild auf Holz, 17. Jahrh.
Höhe 0,36 m, Breite 0,27 m.

860. (49) Lagerscene mit Reitern vor Zelten und Marketenderin im Style der Wouvermann. Ölbild auf Holz aus dem Ende des 17. Jahrh.
Höhe 0,23 m, Breite 0,31 m.

861. (45) a u. b. Karnevals-Scenen aus Venedig, Ende des 17. Jahrh., flott in Öl gemalt auf Holz.
Breite 0,48 m, Höhe 0,24 m.

862. (61) Ovalbild, darstellend zwei sich umarmende nackte Knaben, wovon der eine in roter Draperie (Christus und Johannes?). Sehr gutes Stück auf Holz in hübschem Barockrahmen, dürfte italienischen Ursprunges sein.
Höhe 0,21 m, Breite 0,18 m. (Abb. s. Gruppe XI.)

863. (67) Ovales Männerportrait in Amtstracht des 17. Jahrh. mit Pelz-Radmantel, schwarzem Leibrocke, goldener Ehrenkette, schwarzen Pumphosen und Kniestrümpfen, mit Degen, die Linke aufgestützt auf einen Tisch, worauf der Hut liegt, die Rechte am Gürtelschlosse. Kopf mit langem, grauem Haar, Schnurrbart und Mouche. Dahinter ein grüner Vorhang. Sehr gutes Bild. Auf Holz.
Höhe 0,42 m, Breite 0,24 m.

864. (68) Portrait einer älteren Dame mit Schneppenhaube und Halskrause, pelzverbrämtem Kleide. Glatte Behandlung der Farbe ohne Schatten in den Fleischpartien, offenbar niederländisches Bild des 17. Jahrh. Auf Holz.
Höhe 0,48 m, Breite 0,40 m.

865. (76) Scene im Charakter des Ostade: Geiger, Trinker, zwei Streitende und ein am Boden Liegender, das Ganze in einer Felsgrotte. Auf Holz.
Höhe 0,62 m, Breite 0,49 m.

866. (83) a) Jakobs Traum.
b) Prophet, umgeben von Tieren. Beides auf Alabastergrund mit Benützung der Steinstructur, ausserordentlich zierlich gemalt, offenbar italienischen Ursprungs, aus dem Ende des 17. Jahrh.
Höhe 0,10 m, Breite 0,07 m.

867. (85) Männliches Portrait ohne Kopfbedeckung, mit Halskrause, Schnurr- und Knebelbart, bezeichnet als: JOANNES BREVGHEL. (vergleiche den Kupferstich nach van Dyks Bildnis), auf Holz.
Länge 0,16 m, Breite 0,12 m.

868. (88) Alchymist in seiner Studierstube, am offenen Fenster, umgeben von Merkwürdigkeiten aller Art. Auf Holz.
Höhe 0,49 m, Breite 0,41 m.

869. (92) Jugendlicher Frauenkopf mit turbanartigem Kopftuch und rotem Gewande. 17. Jahrh. Auf Holz.
Höhe 0,36 m, Breite 0,27 m.

870. (94) Grosse Reiterschlacht im Style des Rugendas, auf Leinwand.
Höhe 0,80 m, Länge 1,17 m.

871. (106) Holländische Kneipscene. Altes Weib mit zwei Männern trinkend. Ölbild auf Papier.
Länge 0,19 m, Höhe 0,13 m.

872. 22) Portrait eines Monarchen, ganze Figur in vollem Ornate, unzweifelhaft Kurfürst Karl Theodor von Bayern darstellend. Das reiche, weisse Atlasgewand des Georgi-Ritterordens, dessen Kette der Fürst trägt, ist bedeckt von einem weiten, blauen Mantel, welcher ebenfalls das Abzeichen des Ordens trägt. Über dem Tische nebenan, auf welchem eine Menge von Ordensinsignien mit Bändern, Barett mit Straussenfedern, ein Helm mit

Nr. 872. 22) Portrait des Kurfürsten Karl Theodor von Bayern

aufgeklapptem Visier und andere Dinge dieser Kategorie stehen und liegen, ist eine rote Decke gebreitet. Rückwärts der bayerische Löwe, sowie reich angeordnete Draperie. Ölbild auf Leinwand.
Höhe 0,59 m, Breite 0,46 m.

873. 51) Vier Panneaux, länglich, Kopien nach Correggio, alle auf Holz, italienischen Ursprunges, tragen die Jahreszahl 1706. Darstellend:
a. Jupiter auf Adler, Blitze schleudernd.
b) Neptun auf Hippocamp.
c. Europa.
d. Juno.

Sämtlich offenbar ursprünglich als Füllungen für eine dekorative Architektur bestimmt.
Länge 0,40 m, Breite 0,24 m.

874. 32) Glorifikation eines Heiligen im Style der Barokmeister des 18. Jahrh., das Ganze offenbar Entwurf zu einem Deckengemälde. Der Heilige, auf Wolken schwebend, welche von Engeln getragen werden, steigt zu Christus auf, der neben Gott Vater auf den Wolken thront und das Kreuz hält. Unten Gruppen von anbetenden Krüppeln und Kranken jeden Alters und Geschlechts, Architektur und Rindvieh. Ungemein flott und breit gemaltes Bild in Öltechnik. Auf Leinwand.
Höhe 0,70 m, Breite 0,46 m.

875. 34) a) Männlicher Kopf mit grauem Haar und Bart.
b) Pendant mit grossem weissem Bart und blauem Mantel. Beides Ölbilder auf Holz, 18. Jahrh.
Länge 0,21 m, Breite 0,17 m.

876. 55) a., b. u. c. Männliche Köpfe, 18. Jahrh., auf Holz.
Höhe 0,12 m, Breite 0,09 m.

877. 46) Portrait des Adolf Friederich von Seinsheim, Fürstbischof von Bamberg und Würzburg, dargestellt im Ornat mit Perrücke. Auf Leinwand.
Höhe 0,87 m, Breite 0,72 m.

878. 57) Portrait des Friederich Karl von Schönborn, Fürstbischof zu Bamberg und Würzburg, Reichs-Vicekanzler (regierte 1729—1746), dargestellt in dunkler Kleidung mit Perrücke und Amtskreuz, reich mit Edelsteinen besetzt. Sehr gut gemaltes Bildnis auf Kupfer.
Höhe 0,155 m, Breite 0,125 m.

879. 58) Damenportrait, Kniestück, in Reitkostüm, Dreispitz, grüne, silbergestickte Pikesche und Reithandschuhe, darstellend Freifräulein von Marwitz, die Maitresse des vorletzten Fürsten von Bayreuth, Markgrafen Friederich. Gemalt auf eine Kupferplatte, deren Rückseite in Gravierung den Grundriss und die Belagerung einer Festung zeigt.
Höhe 0,20 m, Breite 0,15 m.

880. 60) Figurengruppe (Schlittenpartie) auf Holz, 18. Jahrh.
Höhe 0,15 m, Breite 0,20 m.

Sammlung Buchner in Bamberg.

884. (5) Unbekannter Meister. — Portrait.

881. (70) Wäscherin vor einem Brunnen am Zaun mit spielenden Knaben. Auf Holz. Ungemein glatt gemalt.
Höhe 0,28 m, Breite 0,26 m.

882. (75) Reisescene aus dem Hofleben des 18. Jahrh., darstellend Damen in höfischer Tracht, die eine am Tische sitzend, die andere in zweirädrigem Wagen von einem Kavalier unterhalten. Am Wege ein Bettler. Ölbild auf Leinwand.
Länge 0,78 m, Breite 0,60 m.

883. (102) a) Portrait des Markgrafen Friederich von Bayreuth, gest. 1763, mit Perrücke und rotem Sammetrock. Sehr gutes Stück auf Kupfer gemalt.
Höhe 0,25 m, Breite 0,22 m.

Bilder unbekannter Meister.

888. (50) Affenschule mit köstlich gezeichneten Einzelfiguren und einem Käuzchen als Monogramm.

Jan Breughel d. Ae. (?) 1568—1626.

889. (54) a) Teich mit Bäumen, rückwärts Hütten und Wald.
b) Teich mit Ruine und Schloss, im Hintergrunde Berglandschaft.
Auf der Rückseite bezeichnet als „Sammet Breughel". Beides gute Bilder. Auf Holz.
Höhe 0,18 m, Breite 0,13 m.

Willem de Huys.

890. (78) Flusslandschaft mit Strasse, die zu dem Thore einer Ruine führt, unten Hafen mit Fahrzeugen, klar gehaltene, stark wolkige Luft. Monogrammiert 1643 pinx. Auf der Rückseite bezeichnet als „Willem de Huys van Utrecht". Auf Holz.
Höhe 0,44 m, Breite 0,63 m.

Wilhelm van Buytenweg.

891. (87) Waldlandschaft mit Fussweg und zwei dahinwandernden Figuren, bezeichnet als „Wilhelm van Buytenweg", ganz im Style des Hobbema. Sehr schönes Bild auf Kupfer.
Höhe 0,32 m, Länge 0,39 m.

David Vinck-Boons. 1578—1629.

892. (91) Gebirgslandschaft mit Brücke über Bach, vorne eine weidende Kuh, rechtsgeschlängelter Wasserlauf mit Brücke, Bäumen, Schloss

b) Portrait der Markgräfin Friederieke Wilhelmine Sophie von Bayreuth, Schwester Friederichs des Grossen.
Höhe 0,25 m, Breite 0,22 m.

884. (108) Bärtiger Kopf eines alten Mannes aus dem 18. Jahrh., auf Holz (ohne Rahmen).
Höhe 0,12 m, Breite 0,95 m.

885. (109) Marinebild mit Leuchtturm und Segelschiffen. Auf Kupfer gemalt (ohne Rahmen).
Länge 0,14 m, Breite 0,105 m.

886. (110) Lesender Mann in braunem Rock und schwarzer Pelzmütze.
Höhe 0,17 m, Breite 0,135 m.

887. (104) Kneipscene, Reiter mit Dame an einem Tische, daneben fressendes Pferd. 17. Jahrh., auf Holz.
Länge 0,24 m, Breite 0,18 m.

Sehr gutes niederländisches Bild auf Leinwand.
Höhe 0,27 m, Breite 0,35 m.

und Bergen im Hintergrund. In der Luft: Kranichzug. Bezeichnet als David Vinck-Boons. (1578—1629.) Auf Holz.
Länge 0,35 m, Breite 0,25 m.

Schack.

893. (37) a) Weg am Bergeshang mit Wirtshaus und Blick auf weite Ebene mit wetterschwerem Himmel, links eine Ruine. Inschrift: Prospect der Bergstrasse bei Köllen a/Rh. Schack pinx. 1773.
b) Niederblick auf einen Fluss mit Stadt und Schlössern, im Vordergrunde ein Thor, klare Luft. Bezeichnung ebenso. Beide Bilder auf Holz gemalt.
Höhe 0,19 m, Breite 0,24 m.

A. Losatelli.

894. (62) a) Landschaft mit ruinenhaftem Thor an einem Fluss, dahinter Bäume; rechts Schloss und im Hintergrunde Berge. Staffage: Bettler. Auf Holz.
b) Weg an einer Tempelruine her, hinten Brücke über einen Fluss mit Kapelle, dahinter gebirgiges Terrain. Auf Holz. Rückwärts bezeichnet: A. Losatelli f. 1741.
Höhe 0,22 m, Breite 0,31 m.

Joos de Momber. 1564–1635.

895. 94. Landschaft, Dorf unter Bäumen an einem Strom, jenseits dessen sich eine Wasserburg erhebt. Hinten waldige Hügel, weiterhin Berge. Das Ganze mit durchgehend grünlichem Tone. Vorne als Staffage die heilige Familie auf der Flucht nach Ägypten; niederländisches Bild auf Holz mit Bezeichnung: van Momber.
Höhe 0,35 m, Breite 0,50 m.

Bilder unbekannter Meister.

896. 29. Kleine niederländische Flusslandschaft mit Windmühle im Hintergrunde, vorne Baracke und Barke mit Bemannung, unter Baum. Ölbild auf Holz aus dem 17. Jahrh.
Höhe 0,20 m, Länge 0,43.

897. 30. Gebirgslandschaft mit Felsenschlucht und schäumendem Bach im Vordergrunde, oben Berglehne mit Schloss und gewitterigem Himmel, im Style der Arbeiten des Salvator Rosa. Sehr schönes Stück. Auf Leinwand gemalt.
Höhe 0,05 m, Breite 0,41.

898. 31. Zwei kleine, ovale Winterlandschaften in viereckigen Rahmen mit dunkler Luft, beschneiten Häusern, Bäumen, Schlittschuhläufern als Staffage. 18. Jahrh., ohne Bezeichnung.
Länge je 0,12 m, Breite 0,10 m.

899. 33. a Berglandschaft mit grossem Baume im Vordergrund. Auf Holz, 18. Jahrh.
b. Sonnenuntergang an bergigem See-Ufer mit Ausblick aus einer Grotte.
Länge beider 0,20 m, Breite 0,16 m.

900. 35. a Vorterrain mit Schloss und Bäumen dahinter; im Mittelgrunde ein See mit Segelbarken, rückwärts abgeschlossen durch ein Berggelände. Hübsche Figuren Staffage.
b. Im felsigen Vorterrain eine zweibogige Brücke zu einem hausumstandenen Wasserschloss, weiter rückwärts See mit Segelschiffen und baumbestandenem Bergterrain. Beides gute Bilder auf Holz.
Höhe 0,185 m, Breite 0,145 m.

901. 59. Strohbedeckte Bauernhütte am Wasser in ebener Landschaft, an deren Horizont Berge sichtbar sind. Vor dem Hause die versammelte Familie in bernerischem Kostüm (das Bild also wohl schweizerischen Ursprungs), gutes Stück aus dem Ende des 18. Jahrh. Auf Kupfer.
Höhe 0,155 m, Breite 0,22 m.

902. 64. Landschaft, grosses und sehr gutes Stück. Kapelle, von Baumwipfeln überschattet, auf felsigem Terrain, rückwärts Berge, vorne runder Steintisch, daneben eine Schäferin. Graue Gesamtstimmung vorzüglich festgehalten. Ölbild auf Leinwand.
Höhe 0,76 m, Breite 1,00 m.

903. 77. Reiche Baumlandschaft mit Weiden, rückwärts Gebirgszüge, vorne Schäferin, daherreitende Hirtin und trinkende Tiere, sehr schön in der Farbengebung. Ölbild auf Leinwand des 18. Jahrh.
Höhe 0,60 m, Breite 0,74 m.

904. 82. a. u. b. Zwei kleine Landschaften in grauer Haltung im Style des Waterloo, auf Kupfer, mit hübschem Barockrahmen.
Höhe 0,14 m, Breite 0,115 m.

905. 84. Kleine Landschaft mit Hügeln an einem Bach, im Hintergrunde rechts eine Burg, links ein Kirchturm. Auf Holz.
Länge 0,19 m, Breite 0,115 m.

906. 159. a) Vorterrain mit Hütten und Burg, links unten ein Fluss mit Barken, duftige Ferne, leicht und goldig in der Farbe.
b) Weg am Berggelände über einem Flusse, in dessen Hintergrund hohe Berge sich erheben. Vorne Schafheerde als Staffage. Beide Bilder auf Leinwand aus dem Anfange des 19. Jahrh.
Höhe 0,25 m, Breite 0,30 m.

907. 107. Landschaft: Michelsberg in Bamberg bei Abendbeleuchtung, bezeichnet F. Kaulbach, auf Holz (ohne Rahmen).
Länge 0,13 m, Breite 0,10 m.

SAMMLUNG BUCHNER IN BAMBERG.

835 (10) Wiederholung des Portraits der Eleonora Gonzaga
von TIZIAN.

Ch. Stoecklin.

908. (29) Kanalbild mit Architektur. Vorne Tempelruine, grauer Himmel, heller Horizont, links vorne bezeichnet Ch. Stoecklin 1763. Oelbild auf Holz.
Höhe 0,28 m, Breite 0,37 m.

Philipp Nees.

909. (47) u. (48) Zwei Interieurs, innere Kirchenansichten darstellend und von vorzüglicher Erhaltung, das eine gotisch, das andere in Renaissance. Auf Holz sehr subtil gemalt. Beide bezeichnet: Philipp Nees 1625.
(47) Höhe 0,48 m, Breite 0,38 m.
(48) „ 0,38 m, „ 0,35 m.

Bilder unbekannter Meister.

910. (8) Zwei Architekturstücke aus der Mitte des 18. Jahrh. auf Holz.

a) Altarartiger Aufbau im Vordergrunde, an dessen Stufen ein Mann und ein Kind sitzen, während eine Frau dabei steht. Weiter rückwärts Säulen mit Bogenarchitektur und Ausblick auf ein Dorf am Flusse. Im Hintergrunde Reiter mit einigen andern Figuren. Die Perspektive öffnet sich nach links.

b) Ruine einer Façade, mit Bettlerstaffage und Ausblick auf eine Flusslandschaft. Rückwärts galoppierender Reiter. Die Perspektive öffnet sich nach rechts. Mit Monogramm

Länge 0,30 m, Höhe 0,020 m.

A. Dryeff.

911. (74) Stilleben mit Hühnern, Hasen, Fasanen und andern Vögeln, unter einem Baume. Auf Holz gemalt. Rückwärts bezeichnet A. Dryeff.
Höhe 0,27 m, Breite 0,31 m.

Bilder unbekannter Meister.

912. (52) a, b. u. c. Drei Blumenstilleben mit Vasen. Auf Holz, 18. Jahrh.
Höhe 0,43 m, Breite 0,33 m.

913. (111) Grosses Blumenstilleben auf Leinwand.
Höhe 0,80 m, Breite 0,79 m.

Asam.

914. (15) u. (16) Zwei bezeichnete Gouachen von den Brüdern Asam.

a) Weg am Rande einer Felsschlucht mit weitem Ausblicke auf das offene Land, in dessen Hintergrund sich ferne blaue Gebirge hinziehen. Darüber wetterschwerer Himmel. Vorne als Staffage ein Fischer mit Angelrute und Segel, bezeichnet in weiss:

I. ASAM

b) Baumlandschaft mit Kühen im Vordergrunde, Schafheerde im Mittelgrunde, und Fluss, an dessen Ufern sich Pappeln erheben. Hinten duftige Gebirgszüge, darüber stark blauer Himmel, bezeichnet in schwarz:

9. ASAM

Länge eines jeden 0,145 m, Breite 0,10 m.

Chr. Ludw. Agricola.

915. (46) Schneelandschaft in Gouachemalerei auf Papier, bezeichnet: Agricola Chr. Ludw. † 1790.
Höhe 0,29 m, Breite 0,23 m.

Detto.

916. (45) Landschaft in Aquarell, bezeichnet als Chr. Ludw. Agricola.
Länge 0,17 m, Breite 0,115 m.

Boemel.

917. (42) a) Sturmlandschaft mit Reiter.
b) Sonnige Landschaft mit Staffage, rückwärts bezeichnet als „Boemel fec". Gleiche Technik wie Nr. 141.
Höhe 0,10 m, Breite 0,145 m.

Kreul.

918. (65) Pastellbild, einen Maler darstellend, der vor seiner Staffelei sitzt, daneben eine andere männliche Erscheinung in Phantasiekostüm, Federbarett und Mantel, welcher ein nacktes weibliches Modell herzuführt, dem ein altes

Weib die letzte Hülle abzustreifen im Begriffe steht, bezeichnet: Kreul Senieur 1798. Rückwärts Ausblick auf einen arkadenumschlossenen Hof. Unter Glas.

Höhe 0,34 m, Breite 0,47 m.

Kreul.

66. a u. b. Zwei weibliche Portraits im Kostüm des beginnenden 19. Jahrh., stark decolletirt, reizende Erscheinungen, das malerische an der Arbeit von vorzüglicher Qualität, allem

welche er mit der Rechten hinweist. In der niederhängenden Linken hält er eine Loupe. Hinter ihm cannellirte Säule, an welcher vorüber man in ein anderes Zimmer blickt; links geöffneter Schrank. Vorzügliche Arbeit aus der besten Portraitzeit des 18. Jahrh. Ohne Bezeichnung, auf Pergament gemalt in altem Louis-XVI.-Rahmen.

Länge 0,24 m, Breite 0,195 m.

J. Kreul.   Pastell-Portrait.
Nr. 919 66 a.

J. Kreul.   Pastell-Portrait.
Nr. 919 66 b.

Anscheine nach Schwestern. Das eine 66) b bezeichnet als „Fräulein von Wolzogen am Hofe der Königin Luise von Preussen". Beide unter Glas, bezeichnet Kreul p.

Höhe 0,35 m, Breite 0,31 m.

Bilder unbekannter Meister.

193. Zeichnung auf grauem Papier, Grau in Grau, mit Weiss und Gold aufgehöht, ein Reitergefecht darstellend.

649. Portrait eines Herrn in rotem, goldgesticktem Sammtrock, gelber Atlasweste, auf grünem Stuhle sitzend, das Haupt mit Perrücke bedeckt, vor sich eine Münzsammlung, auf

922. (41) Suite von acht Aquarellen, bezeichnet als 41 a, 41 b, 41 c etc. etc. landschaftliches Genre, 18. Jahrh.

923. (44) Klassische Landschaft mit Statue rechts im Vordergrunde, Ruinen im Hintergrunde, Ausblick auf ein Flussthal mit Bergen. Technik: Aquarell mit Gouache.

Höhe 0,20 m, Breite 0,245 m.

924. (89) Ovales Pastellbild, Damenportrait aus der Zeit Ludwigs XVI., mit gepudertem Haar, weissem, stark ausgeschnittenem Kleide mit blauer Binde. Sehr schönes Stück. (Abb. siehe Gruppe XII.)

Höhe 0,36 m, Breite 0,31 m.

836. (1.8) Unbekannter Meister. — Die keusche Susanna.

925. (93) Pastellportrait der Sophie Karoline, Markgräfin von Braunschweig († 1817), zweite Gemahlin des Markgrafen Friederich von Bayreuth.
Länge 0,29 m, Breite 0,22 m.

926. (96) a. u. b. Stillleben in Gouache-Malerei mit Hasen, Vögeln, Krautköpfen, Melonen, Zwiebeln, Schwämmen.
Länge 0,205 m, Breite 0,155 m.

927. (97) a., b., c. u. d. Vier Aquarellen mit Gouache aus dem Ende des 18. Jahrh., Waldeingang, Jäger mit Hunden und Landschaft darstellend.
Länge 0,20 m, Breite 0,15 m.

928. (98) a. u. b. Flusslandschaften in Aquarell und Gouache.
Länge 0,20 m, Breite 0,14 m.

929. (99) Zwei Aquarelle. a) Ausblick auf eine weite Landschaft mit Fluss und steilem Berg im Hintergrunde. Vorne ein Reiter. Fein grau gestimmt.
b) Waldeingang bei Sonnen-Untergang.
Länge 0,225 m, Höhe 0,17 m.

930. (103) Pastellportrait des Fürstbischofes von Bamberg, Friederich von Erthal.
Länge 0,24 m, Höhe 0,18 m.

931. (105) Kind mit brennender Kerze.
Höhe 0,12 m, Breite 0,12 m.

932. (100) Aquarell, Baumlandschaft an einem Flusse mit blauen Bergen im Hintergrunde. Vorne ein Reiter und Wanderer, weiter zurück Mann mit Frau und Hund. Sehr feines Stück aus dem Anfange des 19. Jahrh.
Höhe 0,175 m, Länge 0,225 m.

933. (101) Zwei Vögel. a. Eule in Aquarell.
b. Falke.
Höhe 0,22 m, Länge 0,17 m.

Varia & Curiosa

Mosaiken.

(Florentiner und römische.)

934. (1) Drei grössere viereckige Stücke für Brochen etc.
  a) Blumenstück
  b) Jagdhund
  c) Landschaft.

935. (2) Zwei gefasste Ovale:
  a) Colosseum
  b) Pantheon.

936. (3) Zwei kreisrunde
  a) Tempel in Tivoli
  b) Tauben.

937. (4) a, b etc. Zweiundzwanzig kleinere Ovale, darunter zweimal Piazza di San Pietro, dreimal Colosseum, Grabmal der Cäcilia Metella, Blumenstücke, Schmetterlinge, Hund etc. Die meisten doppelseitig.

938. (5) a, b, c. Drei Ovale
  Durchmesser 0,0165 m.

939. (6) Zwanzig kleine, zum Teil runde, zum Teil ovale Mosaiken.

940. (7) a, b. Zwei cubische Marmorstücke mit Mosaik.

Gemmen und Intagli.

Kasten mit 30 zum Teil gravierten, zum Teil glatten Achaten.

Gravierte Steine:

940. 1. Kopf eines Geistlichen in 2 Exemplaren vorhanden. Intaglio.
941. 2. Männliche Büste, bartlos, feine Arbeit, zwei mal vorhanden. Intaglio.
942. 3. Fechter, ganze Figur, Intaglio.
943. 4. Tempel der Vesta zu Rom, in 2 Exemplaren vorhanden. Intaglio.
944. 5. Weiblicher Kopf aus Perlmutter, aufgeleimtes Relief.
945. 6. Jugendlicher, männlicher Kopf mit langen Haaren. Intaglio.
946. 7. Mohrenkönig mit Krone. Intaglio.
947. 8. Weiblicher Kopf, Perlmutter auf Achat. Relief.

949. 9. Weiblicher Kopf, weiss auf dunklem Fond. Intaglio.
950. 10.
951. 11. } Verschlungene Hände.
952. 12.
953. 13. Behelmter weiblicher Kopf.
954. 14. Nike mit Palme.
955. 15. Kleine Negerbüste, rund.
956. 16.
957. 17.
958. 18. } Kleine Cameen, weibliche Köpfe.
959. 19.
960. 20.
961. 21. Geistlicher vor Kruzifix, Intaglio.

Der Rest glatte, unbearbeitete Achate.

Pfeifenköpfe und ganze Pfeifen.

952. (E 10) Grosser Meerschaum-Pfeifenkopf mit reicher figuraler und ornamentaler Schnitzerei, vier Scenen aus dem Leben Josephs in künstlerisch primitiver, technisch geschickter Weise behandelt. Auf dem oberen Rande ein Tierfries. In seiner Art als Prachtstück zu bezeichnen. Bei der Öffnung für das Pfeifenrohr mit Türkisen besetzt.
Länge des Kopfes 0,12 m.

953. (1) Cylindrische Pfeife aus Meerschaum mit silbernem Muschelbeschläg u. Rohr, angeraucht.
Länge des Kopfes 0,12 m.

954. (2) Grosser runder Meerschaumkopf mit silbernem Beschläg und geschnitzten Äpfeln, angeraucht.
Länge des Kopfes 0,10 m, des Halses 0,20 m.

955. (3) Geschnitzter und angerauchter Meerschaumkopf, einen bärtigen Mann darstellend, mit Silberbeschläg und Rohr.
Kopflänge 0,10 m.

956. (4) Gerader cylindrischer und angerauchter Meerschaumkopf mit durchbrochenem Silberdeckel und eingelegtem Rohr.
Kopflänge 0,13 m.

957. (5) Hornpfeife mit Wild en relief; der Deckel Hirschkrone mit Hund. Am Rohr Rehkrone mit Tieren en relief.
Ganze Länge 0,35 m.

958. (6) Pfeife aus Hirschhorn mit Schnitzerei (Jagd), Deckel mit Hund, Rohr aus Rehgeweih. Schönes Stück.
Länge 0,28 m.

959. (7) Pfeife mit gedrehtem Hornrohr und geschnitztem Holzkopf mit Monogramm P. J.
Länge 0,33 m.

960. (8) Hornkopf mit Michaelsfigur und silbernem Beschläg.
Länge 0,32 m.

961. (9) Pfeife mit bemaltem Kopf, Wassersack und Rohr aus Elfenbein.
Ganze Länge 0,35 m.

962. (10) Detto.

963. (11) Ulmer Maserkopf und Rohr mit Silberbeschläg.
Ganze Länge 0,28 m.

964. (12) } Gewöhnliche Pfeifen mit verziertem Rohr.
965. (13) }

966. (68) u. (69) Kleine Tabakspfeifen mit Beschlägen, Kopf und Wassersack aus Porzellan.

967. (14) Gestickter, lederner, ungarischer Tabaksbeutel aus einem Stücke. (Bocksbeutel.)

Varia.

978. 1 Metallüberzogener Gipsabguss eines Reliefwerkes von Claudius Dubut (geb. 1687 in München, gestorben als churfürstlicher Hofbildhauer daselbst, Nagler IV. 493) in Rahmen.
Länge 0,30 m, Breite 0,23 m.

979. 2 Gruppe in Papiermaché, Porzellanimitation. Massa mit Meissener Zeichen, zwei Tanzende, ein Dritter dem Mädchen den Rock aufhebend. 18. Jahrh.

980. 3 Männliche Thonfigur, über und über mit Perlmutterstückchen bekleidet, eine Art Arlequino. 18. Jahrh.
Höhe 0,36 m.

981. (4) Pierrot-artige Holzfigur, mit Muscheln bekleidet, Venezianer Arbeit.
Höhe 0,27 m.

982. (5) Seepferd mit hölzernem Kern, mit Muscheln bekleidet. (Abb. siehe Gruppe II.)
Länge 0,47 m.

983. (6) Kleines Reliefwerk, z. T. in Wachs ausgeführt mit reichem Architektur-Hintergrund; im Vordergrunde Heiligenscene; in schwarzem Rahmen. 17. Jahrh. Alles von vortrefflicher Modellierung.
Lichtes Mass: Länge 0,06 m, Höhe 0,05 m.